il filo di fumo
collana saggi

A. GIUSEPPE BALISTRERI

L'anomalia siciliana
Sui presupposti culturali della ricchezza sociale

Bibliographische Information der Deutschen Bibliothek
Die Deutsche Bibliothek verzeichnet diese Publikation in der Deutschen
Nationalbibliographie; detaillierte bibliographische Daten sind im Internet über
http://dnb.dnb.de abrufbar.

Bibliographic information published by Die Deutschen Bibliothek
Die Deutsche Bibliothek lists this publication in the Deutsche
Nationalbibliographie; detailled bibliographic data is availabe in the Internet at
http://dnb.dnb.de.

◆

Gedruckt auf alterungsbeständigem, säurefreien Papier
Printed on acide-frei paper
© A. Giuseppe Balistreri, Wolfsburg 2005
a.-g.balistreri@wobline.de
Herstellung und Verlag: Books on Demand GmbH, Nordstedt
www.bod.de
Satz und Umschlaggestaltung: AGB-Do it yourself

Printed in Germany
ISBN: 3-8334-3276-4

A mia madre, le mie radici

INDICE

Premessa

Questo libro, come altri lavori che ho recentemente pubblicato, è stato concepito e scritto molti anni fa. Agli inizi degli anni Novanta, si era entrati in una fase molto critica in Sicilia, dove il dilagare della violenza, dell'illegalità e dei delitti mafiosi, in un quadro di disgregazione economico-produttiva e civile, sembrava mettere fortemente in discussione lo stesso modo di vivere e di pensare dei siciliani. Mi sono chiesto a che cosa potesse essere dovuto tutto questo e mi sono messo a compulsare scritti di ogni genere, storici, sociologici, letterari, antropologici, che fossero in grado di fornire un qualche lume in merito.

Una cosa mi era sembrata particolarmente rilevante, quella cioè di portare lo sguardo al di là dell'orizzonte limitato della Sicilia, per capire quale fosse il modello da cui essa si teneva distante e quali fossero le sue peculiarità, le sue condizioni di esistenza e di successo. Perché la Sicilia non riusciva a coniugare modernità e sviluppo? Nell'interrogarmi su questo motivo mi è sembrato che ne venisse fuori una concezione del significato moderno dell'impresa e dell'imprenditore che non solo non è stata superata dagli anni, ma che meriterebbe di venire ulteriormente approfondita. Uno approccio filosofico ai caratteri dell'agire d'impresa rientra infatti tra gli studi che mi propongo per i prossimi anni. Questo scritto rappresenta pertanto un punto di passaggio significativo del mio percorso intellettuale e quindi, almeno per me, mantiene un certo valore.

Per il resto, anche la ricostruzione del problema siciliano rimane ancora valida o comunque degna di essere presa in considerazione, mentre ciò che oggi è venuto meno è qualche tratto di unilateralità e di ingenerosità a cui allora spingeva la drammaticità degli eventi che stavamo vivendo. Oggi per fortuna le cose hanno ripreso un movimento più tranquillo e ordinato, mentre le differenze sembrano essersi attenuate. Si spera che le giovani e promettenti forze ora attivatesi si mettano finalmente alla testa dei processi produttivi, imponendo quel modello culturale necessario al funzionamento di una società moderna. Allora, alcune manifestazioni di folklore, qui un po' arcignamente criticate, ritorneranno ad esserci di nuovo simpatiche.

Wolfsburg, 13 giugno 2005

Parte prima
Il collasso della trasformazione sociale

1. La modernizzazione come processo a rischio

A prima vista i perturbamenti e le disfunzioni presenti in Sicilia sembrano essere il risultato di una modernizzazione mancata, dovuta o alle resistenze delle strutture tradizionali oppure alle sue stesse debolezze e insufficienze. Ma a guardar bene né la modernizzazione può essere il risultato di un progetto che sia opera di ingegneria sociale né può essere assunta come un passaggio fisiologico, storicamente necessario e garantito, soltanto perché si guarda ai modelli riusciti. Che la modernizzazione possa essere un processo rischioso, che essa, una volta smantellate le strutture tradizionali di organizzazione sociale, possa poi invece mancare di raggiungere nuovi assetti e nuovi equilibri, è stato per molto tempo un assunto di cui la scienza sociale s'è rifiutata costitutivamente di prendere atto. S'è guardato al «processo di modernizzazione come al traguardo finale dell'evoluzione di tutte le società conosciute, come al culmine che ne esplica le comuni potenzialità evolutive, un processo di cui l'esperienza europea rappresenterebbe l'espressione più compiuta»[1]. E, come è stato ancora osservato, «con la sua concezione unilineare della storia, l'insistenza sul fatto che lo sviluppo della società deve svolgersi secondo una sequenza predeterminata, e la convinzione dell'univocità del processo, la teoria

---

[1] S.N. EISENSTADT, «Development, Modernization and the Dynamics of Civilizations», in *Cultures and Development*, XV/4, 1983; trad. it., «Sviluppo, modernizzazione e dinamica delle civiltà», in ID., *Civiltà comparate. Le radici storiche della modernizzazione*, Liguori, Napoli, 1990, p. 44.

della modernizzazione somiglia molto alla versione radicale di quel marxismo che intende confutare»[2]. Di conseguenza, le difficoltà, i veri e propri esiti disastrosi, con cui a volte il mutamento sociale nelle società tradizionali s'è accompagnato, sono stati imputati a squilibri momentanei, a residui irrazionali, a storture incidentali, a patologie collaterali che non intaccavano né la certezza per cui la modernizzazione sarebbe, non diciamo un destino, ma addirittura un modello positivo valido ovunque e per tutti, né l'assunto per cui essa obbedirebbe ad una legge necessaria di sviluppo e di progresso[3]. In realtà, oggi, finalmente, la credenza secondo cui «la modernizzazione sarebbe un processo rivoluzionario, inevitabile, irreversibile, globale, complesso, di lungo respiro, ma in fasi suddivisibili, tendenzialmente omogeneizzate e - *last but not least* - progressivo», è divenuta ormai insostenibile[4]. La prospettiva dello 'sviluppo' storico e sociale dovrebbe essere assunta invece innanzitutto nell'ottica del rischio e del possibile fallimento, come possibilità di prima istanza, tenuto conto dell'estrema complessità e molteplicità dei fattori necessari perché un corso di modernizzazione

---

[2] C. LASCH, *The True and only Heaven. Progress and its Critics*, Norton & Company, New York/London, 1991; trad. it., *Il paradiso in terra. Il progresso e la sua critica*, Feltrinelli, Milano,1992, p. 147.

[3] «L'esposizione alla modernizzazione», ricorda ancora Lasch, citando le parole di Alex Inkeles, che ne è stato tra i teorici più rappresentativi, «genera una domanda irresistibile di miglioramento. Essa determina un'„apertura alle esperienze nuove", un'„indipendenza sempre maggiore dalle autorità e dalle figure tradizionali come quella del padre e del sacerdote", la „fiducia nell'efficacia della scienza e della medicina", una forma particolare di „ambizione per se stessi e per i propri figli" e un forte interesse per la politica». Assieme a tutto ciò essa si caratterizzerebbe per l'innesco delle dinamiche di sviluppo economico (*ibid.*, p.147). Che tuttavia la presenza di questa „sindrome da modernità" finisca per produrre un quadro del tutto deformato rispetto alle aspettative insite nel modello assunto, mi pare una verità venuta alla luce con casi di modernizzazione equiparabili a quello siciliano.

[4] H. U. WEHLER, *Modernierungstheorie und Geschichte*, Vandenhoeck & Ruprecht, Göttingen, 1975; trad. it., *Teorie della modernizzazione e storia*, Edizioni Vita e Pensiero, Milano, 1991, p. 13. Come osserva però ancora Christopher Lasch, se è vero che «il concetto di modernizzazione non domina più lo studio dello sviluppo economico», peraltro «le immagini concettualmente seducenti cui si associa colorano ancora di sé la visione che l'Occidente ha della propria storia» (C. LASCH, *Il paradiso in terra*, cit., p. 150-151).

abbia successo[5]. Credere che bastino determinati presupposti materiali perché possa prodursi l'universo complesso e articolato della società moderna, significa non aver colto invece come *il suo affermarsi sia stato quanto di più improbabile fosse potuto capitare; e come dunque niente rivesta maggior carattere di eccezionalità del suo avverarsi*. Di per sé la stessa condizione moderna non costituisce un esito scontato, né la naturale logica conseguenza della storia europea come risultato dello sgretolamento della società feudale e della secolarizzazione delle sue idee religiose[6]. Circostanze del tutto eterogenee, improbabili ed

---

[5] L'idea che fattori di natura non economica presiedano alla riuscita della modernizzazione economica si è fatta strada finalmente nelle vedute degli stessi economisti, i quali tendono a porre in risalto gli «effetti perversi» insiti nelle strategie istituzionali (cfr. C. TRIGILIA, «Le condizioni „non economiche" dello sviluppo: problemi di ricerca sul Mezzogiorno d'oggi», in *Meridiana. Rivista di storia e scienze sociali*, n. 2, gennaio, 1988 e ID., *Sviluppo senza autonomia. Effetti perversi delle politiche nel Mezzogiorno*, Il Mulino, Bologna, 1992), oppure fanno riferimento ancora più esplicito all'orizzonte di aspettative con cui si qualifica la società civile quale presupposto dello sviluppo (cfr. R. BRUNETTA, *Sud. Alcune idee perché il Mezzogiorno non resti com'è*, Donzelli, Roma, 1995).

[6] L'idea che una crescita delle attività economiche non possa essere ottenuta senza il presupposto di determinati orientamenti che esaltino il contenuto civile della vita associata sembra essersi fatta strada ormai in tutti coloro che negli ultimi anni hanno promosso un significativo rinnovamento negli studi sul Mezzogiorno, sebbene con accentuazioni differenti. Così se Tranfaglia giunge a perorare «un profondo mutamento di mentalità» (N. TRANFAGLIA, *Introduzione* a I. SALES, *Leghisti e sudisti*, Laterza, Bari-Roma, 1993), p. XVIII), Putnam arriva a prefigurare nella presenza di una „tradizione civica", quanto meno a livello di correlazione storica ed empirico-statistica, l'elemento dinamico dei comportamenti collettivi da cui si origina il benessere (cfr. R. D. PUTNAM, *Making Democracy Work*, Princeton University Press, Princeton, 1993; trad. it., *La tradizione civica nelle regioni italiane*, Mondadori, Milano, 1993) - al di là, poi, della sua tesi di fondo per cui se ne possa fare anche la chiave esplicativa per spiegare il divario Nord/Sud (questione su cui mi paiono ancora suggestive, sebbene non più frequentate, le considerazioni e l'*excursus* storico compiuto da G. FIORITA, *Le due Italie*, Dall'Oglio, Milano, 1968). Ma proprio a questo proposito anche Pezzino ribadisce come non bisogna nascondersi che se si vuole «affrontare il dualismo fra Nord e Sud... è necessario ammettere che esiste un dato culturale di fondo che rappresenta uno degli elementi della persistente differenza fra Italia meridionale e aree centro-settentrionali», ove per dato culturale bisogna intendere «un insieme di atteggiamenti, radicalmente diffusi e storicamente determinati, in base ai quali le popolazioni del Mezzogiorno hanno interagito con i grandi processi di modernizzazione che le hanno investite» (P. PEZZINO, *Il paradiso abitato da diavoli. Società, élites, istituzioni nel Mezzogiorno contemporaneo*, Angeli, Milano, 1992, p. 16) Mi sembra che di questa affermazione Pezzino dia un esempio illuminante, sul piano della problematica politico-istituzionale, con la

eccezionali congiurarono a che dal dissesto del mondo tradizionale emergesse la società moderna, a meno che non si voglia continuare a sostenere una visione progressiva della storia con quel tanto di provvidenzialistico che ad essa è sotteso[7].

Ma se si riconosce la modernizzazione nel suo carattere finale di paradossalità, come un esito cioè per nulla intenzionale nei suoi risultati, come un prodotto di eterogenesi dei fini, la cui diffusione è esposta a inevitabili e spesso incontrollabili „effetti perversi" [8], non si vede più come essa possa considerarsi quale un modello astratto da seguire puramente e semplicemente, senza che la società che ne viene investita debba apportarvi nulla di proprio. Diventa improprio perciò assumere quanto di tradizionale si oppone alla modernizzazione come devianze,

---

rivisitazione storica del caso di Enrico Falconcini, prefetto di Agrigento tra il 1862 e il 1863, di cui si occupa l'ultimo capitolo del libro. Bella, infine, e soprattutto significativa, l'«autocritica» che G. Ruffolo ha affidato ad un breve articolo apparso su *La Repubblica* (13. 4. 1996): Noi „programmatori", egli scrive, «non solo eravamo convinti che l'industrializzazione fosse una parte essenziale dello sviluppo: il che era vero. Ma anche che fosse il volano e il motore dello sviluppo stesso. Come era stato per il Nord, così avrebbe dovuto essere per il Sud. Affascinati da questo paradigma, non riuscivamo a concepire una strada diversa da quella che facesse delle nuove industrie il perno dello sviluppo. Per esempio, uno sviluppo che puntasse in prima istanza sulla valorizzazione delle risorse umane e dell'intelligenza - attraverso la formazione e l'educazione scolastica - e delle risorse naturali e storiche, attraverso il turismo: oltre che - come invece proponevamo correttamente - sul riassetto del territorio. Probabilmente, se le centinaia di migliaia di miliardi profusi nell'incentivazione a fondo perduto di imprese industriali - molte delle quali poi andate in malora - fossero state investite, in buona parte, nel progresso dell'educazione e nella valorizzazione, oltre che nella cura dei luoghi, si sarebbe creato il miglior incentivo all'afflusso spontaneo di imprese industriali: un ambiente civile ed ospitale».

[7] Ma i sostenitori dello 'sviluppo' si rifanno ancora, inevitabilmente, alla categoria del 'progresso', sebbene non ne abbiano più la capacità di fondarlo concettualmente, e preferiscano ricorrere ad esso come termine ideologicamente più neutro. Cfr. S. LATOUCHE, «Le progrés comme signification imaginaire sociale fondatrice de l'économie», in *Revue européenne des sciences sociales - Cahiers Vilfredo Pareto*, (Genève), n. 82, 1988; trad. it. «Il progresso e l'immaginario della società» (nuova versione), in ID., *La Megamacchina. Ragione tecnoscientifica, ragione economica e mito del progresso*, Bollati Boringhieri, Torino, 1995.

[8] Categoria non a caso ripresa, come abbiamo visto, da Trigilia, che si rifà a R. BOUDON, *Effets pervers et ordre social*, PUF, Paris, 1977; trad. it., *Effetti perversi dell'azione sociale*, Ferltrinelli, Milano, 1981 e a R. MERTON, «The Unanticipated Consequences of Purposive Social Action», in *American Sociological Review*, I, 1936, pp. 894-904.

patologie estrinseche prodottesi da inspiegabili remore e frizioni che avrebbero depotenziato e reso controproducente il corso del progresso. Anzi, è proprio dalla incapacità di assumerla nell'alveo dei propri orizzonti tradizionali di vita che nascono gli sconquassi della modernizzazione, e cioè che questa appunto finisce per rivelarsi come patologia. Nel caso specifico del Mezzogiorno, soprattutto per quanto riguarda il primo trentennio postbellico, è innegabile che si è prodotta «una trasformazione piuttosto profonda» che ha investito buona parte della società meridionale, il cui carattere si è manifestato attraverso «una serie di fenomeni omogenei, nel senso e nella direzione, a quelli ovunque assunti come indicatori di modernità»[9]. Ciò considerato, l'„anomalia" siciliana, e lo stesso vale per altre e numerose „anomalie", ognuna pur tuttavia con proprie caratteristiche, non è un risultato della sua supposta „arretratezza"[10], ma una contraddizione interna al processo stesso di modernizzazione nel suo attuarsi in un contesto specifico: tra il suo sapersi come valore universale, da un lato, e l'incapacità di assestarsi con equilibrio al di fuori della sua sfera genetica di ascendenza, dall'altro[11].

---

[9] G. GALASSO, «Mezzogiorno e modernizzazione (1945-75)», in L. GRAZIANO/S. TARROW (a cura di), *La crisi italiana*, Einaudi, Torino, 1979, p. 32 (ripubbl. in ID., *L'altra Europa. Per un'antropologia storica del Mezzogiorno d'Italia*, Mondadori, Milano, 1982).

[10] «La persistenza di settori e dimensioni, anche ampi, di premoderno», precisa ancora Galasso non può essere ritenuta incompatibile con il prodursi del processo di modernizzazione, a meno che non se ne assuma una «concezione esclusivistica» puramente standardizzata come frutto di una mera ipostasi pseudoscientifica (*ibid.*).

[11] «In connessione con una certa insofferenza per i consolidati modelli interpretativi fondati su dicotomie come arretratezza e sviluppo, ritardo e progresso si è diffusa, negli anni ottanta, una tendenza ad attenuare la specificità dell'evoluzione storica della società meridionale per integrarla in un più ampio orizzonte continentale e mondiale, come aspetto periferico omologabile ad altre simili esperienze» (F. BARBAGALLO, *La modernizzazione squilibrata del Mezzogiorno d'Italia*, Einaudi, Torino, 1994). Da qui l'impiego della categoria di „modernizzazione", da intendere non alla maniera in cui essa era stata proposta originariamente, e cioè, venata di «forte carica ideologica», «come modello di sviluppo industriale dell'Occidente universalmente valido e applicabile anche nei paesi del Terzo Mondo» (*ibid.*), ma invece, come è stato man mano avvertito da diversi studiosi, come intreccio di fattori tradizionali e di fattori moderni nei processi stessi di mutamento storico-sociale. (Per le teorie della modernizzazione si veda la rassegna di R. MOSCATI, «Gli aspetti sociali dello sviluppo economico o la „Modernizzazione", in *Scienze sociali*, a. III, n. 2, 1973). Con „modernizzazione", allora bisogna intendere solo una linea di tendenza che non esclude il ruolo anche determinante di motivi non-moderni, i quali si pongono a volte addirittura essi stessi come veicoli di

Infatti è ormai evidente come la società moderna riesce a tenersi in piedi senza effetti di immediato sconquasso solo in un'area limitata del pianeta; trasposta altrove assume innanzitutto caratteri dirompenti, che difficilmente possono poi ricomporsi in un quadro dinamico positivo sulla base di nuove forme di equilibrio. È vero che essa è irresistibile, poiché nulla si può opporre al suo tremendo fuoco di batteria, da cui vengono sparate le idee che fanno breccia dentro i bastioni chiusi delle società tradizionali: industria, benessere, umanità, diritto, libertà, emancipazione sociale ed individuale, uguaglianza. Di certo però, quanto ci è dato osservare è che la modernità, a cui costitutivamente pertiene carattere di universalità, non può funzionare effettivamente come tale, non riesce cioè effettivamente ad universalizzarsi, ma produce invece molteplici percorsi di modernizzazione necessariamente difformi da quello che dovrebbe esserne il modello, e tuttavia ad esso strettamente connessi[12]. Proprio in quanto vuole attuarsi nella sua essenza, realizzarsi come universale, la civilizzazione moderna smaschera il suo contenuto limitato, si svela nella sua insuperabile particolarità, e ciò che si era

---

trasformazioni epocali, anche se altre volte, è vero, come elementi di freno e di „ritardo". Ma non si può comunque passar sopra alle istanze di permanenza e di stabilità nel cambiamento che essi pongono, come se „modernizzare" significasse senz'altro sbarazzarsi di assetti e configurazioni sociali e mentali di tipo tradizionale. Il problema della „modernizzazione" si intreccia così in tutto il Mezzogiorno con quello della qualità dei suoi modelli tradizionali di vita e di pratiche sociali, il cui limite è stato non quello di essersi trascinati fin dentro la modernità, ma, al contrario, di non averla saputa supportare per darle stabilità, radicamento e dunque per fornirle un nuovo contesto riaggregativo e integrativo. A questo proposito ancora Galasso parla di «un Mezzogiorno risucchiato nel processo di modernizzazione piuttosto che iniziatore e protagonista di tale processo, e in una posizione perciò, rispetto ad esso, di dipendenza culturale e strutturale» (G. GALASSO, «Mezzogiorno e modernizzazione (1945-75)», cit., p. 330). Luciano Cafagna ne ha tratto spunto per distinguere tra la forma attiva (riuscita) e quella passiva (non riuscita) di modernizzazione. Si veda L. CAFAGNA, «Modernizzazione attiva e modernizzazione passiva», in *Meridiana. Rivista di storia e scienze sociali*, n. 2, 1988.

[12] «È caratteristico della modernità di essere perpetuamente in crisi e di non riuscire a salvare la buona coscienza illuministica: l'emancipazione dell'umanità si è realizzata soltanto in zone ristrette del pianeta (ed anzi neppure qui in forme incontrovertibili), l'alterità esterna è improsciugabile, perché si ripresenta in forme diverse - ombra ineliminabile - non appena si ritiene di averla esaurita o almeno incanalata» (R. GENOVESE, *La tribù occidentale. Per una nuova teoria critica*, Bollati Boringhieri, Torino, 1985, p. 28). E ancora: «La modernità non riesce a realizzare fino in fondo se stessa perché già in se stessa, nella specificità della sua forma di vita, incontra il suo limite» (*ibid.*, p. 29).

preteso valido per tutti si mostra invece nella sua adeguatezza solo dentro un'area tutto sommato circoscritta ed omogenea per storia, tradizione, valori, orientamenti culturali[13].

Del grande progetto di civilizzazione universale, di quella originale e prometeica prospettiva storico-filosofica, per cui l'Occidente aveva pensato in termini di umanità tutta intera e perseguito il sogno dell'unificazione di tutti gli sforzi umani verso un'unica meta comune, ad di là di ogni esclusivismo e delle angustie particolaristiche[14], non è rimasto altro se non il suo *animus* tecnologico, quell'universalismo della tecnica che assume come modello antropologico l'idea che tutto quanto esiste in natura sia disponibile per la manipolazione produttivistica[15].

---

[13] Il Giappone sembrerebbe confutare questa affermazione. In realtà, forse è proprio nell'enigma giapponese che va cercato lo stesso enigma della modernizzazione. Qui essa svela infatti quel carattere di fondo per cui riesce a raggiungere risultati di solidità ed equilibrio, evitando quindi gli effetti disgregativi che costitutivamente si tira dietro, solo quando viene ad innestarsi su un terreno di forme culturali tradizionali che se l'assimili e la sostenga. Ben altrimenti da come è stato pensato finora, il rapporto modernità/tradizione va visto, come già si è accennato, più nei suoi aspetti integrativi che in quelli oppositivi. Che il Giappone abbia deciso, proprio nel momento della sua scelta di modernizzazione, di tenersi ancorato alle sue strutture tradizionali per trarne forza e stabilità, proprio in vista degli stessi obiettivi di cambiamento, è quanto ci viene indicato già nel classico lavoro di R. BENIDICT, *Chrysanthenum and the Sword*, Houghton Mifflin Company, Boston, 1946; trad. it., *Il crisantemo e la spada*, Rizzoli, Milano, 1991 (si veda in particolare p. 92). Della stessa veduta ci pare anche Serge Latouche, quando afferma che «l'incontestabile successo del Giappone ieri, e quello più problematico di certi paesi industrializzati, oggi, sembrano attestare sia un'occidentalizzazione riuscita, sia il salvataggio dell'identità culturale e in definitiva entrambe le cose. (...) Queste esperienze sono fortunate eccezioni che purtroppo confermano la regola. (...) Dimostrano forse che restare se stessi è in ogni caso la condizione necessaria al successo della 'mutazione industriale'» (S. LATOUCHE, *L'occidentalisation du monde. Essai sur la signification, la portée et le limites de l'uniformisation planétaire*, La Découverte, Paris, 1989; trad. it., *L'occidentalizzazione del mondo. Saggio sul significato, la portata e i limiti dell'uniformizzazione planetaria*, Bollati Boringhieri, Torino, 1992, p. 90).

[14] Cfr. K. JASPERS, *Vom Ursprung und Ziel der Geschichte*, Piper, München, 1952; trad. it., *Origine e senso della storia*, Comunità, Milano, 1982.

[15] «Modernità significa (nell'intenzione se non nel fatto) che gli uomini assumono il controllo del mondo e di se stessi. *Ciò che in passato era sentito come un fato diventa adesso campo di scelta.* In linea di principio, c'è il postulato che tutti i problemi umani possono essere convertiti in problemi tecnici; e se le tecniche per risolvere certi problemi non esistono ancora, vorrà dire che bisognerà inventarle. Il mondo diventa sempre più „fattibile". La visione del mondo è essenzialmente quella dell'ingegnere» (P. L. BERGER, *Pyramids of Sacrifice*, Basic Books, New York, 1974; trad. it., *Le piramidi del*

Oggi, «l'Occidente incanta il mondo soltanto con la tecnica e il benessere»[16].

Ma in realtà, soltanto come „macchina" l'Occidente sembra riproducibile, mentre come „modello di civiltà" appare non universalizzabile[17]. Ormai, è ampiamente riconosciuto che il capitalismo, «offerto come la ricetta migliore per raggiungere il benessere del mondo, contrariamente all'opinione dei suoi sostenitori, e anche di molti agguerriti avversari, (...) è un sistema economico molto complesso e difficile da interpretare. Poggia su una struttura di valori ampia, istituzioni sociali ben congegnate, una giurisdizione calibrata»[18]. Senza di tutto ciò è impossibile pensare al trapianto puro e semplice di strutture materiali dominate dalle pratiche del profitto d'impresa. «Nemmeno secoli di impero britannico sono riusciti a far radicare nelle colonie i valori necessari alla costruzione del capitalismo, come la tendenza all'accumulazione. Non è il capitale che muove gli uomini, sono gli uomini che, a partire da una certa etica, sono spinti a costruire il capitalismo, a lavorare e a interiorizzare „il valore in sé del lavoro fatto bene" e a istituzionalizzare le relazioni tra persone che ne conseguono»[19].

Pertanto, assumiamo la modernizzazione sganngherata della Sicilia non come un esito dell'insufficienza di risorse e disponibilità produttive,

---

sacrificio. Etica politica e trasformazione sociale, Einaudi, Torino, 1981, pp. 23-24). Per la critica dell'ideologia produttivistica imperniata sul mito della crescita economica cfr. inoltre P. KENDE, *L'abondance est-elle possible?*, Gallimard, Paris, 1971; trad. it., *La crisi della società produttivistica*, Rusconi, Milano, 1973.

[16] S. LATOUCHE, *L'occidentalizzazione del mondo*, cit., p. 121.

[17] *Ibid.*, p. 59. La modernizzazione occidentale, dispiegandosi nella veste economicistica dell'ideologia dello „sviluppo", trasforma la sua presunzione di universalità in una tragica caricatura, «all'ombra della quale si perpetua una dominazione di fatto dei „signori anonimi della macchina"» (*ibid.*, p. 64). Per Genovese però è possibile sfuggire ad un atteggiamento apocalittico che contempli il «dominio planetario assoluto della forma di vita occidentale», se si assume l'Occidente nella sua particolarità e di conseguenza ci si rivolga ad «una filosofia della storia basata sull'idea di non-contemporaneità» (R. GENOVESE, *La tribù occidentale*, cit., p. 34).

[18] U. GÜMPEL, «Tra le capanne dell'Occidente», *Il Manifesto*, 31.8.1991.

[19] *Ibid.*

ma come incapacità di corrispondere alle esorbitanti predisposizioni spirituali e culturali che essa richiede[20].

2. Una „grande trasformazione" a vicolo cieco

Di certo non può affermarsi che la società siciliana nel periodo decisivo della „grande trasformazione" sia semplicemente rimasta del tutto esclusa o ai margini di quel grande processo di modernizzazione che tra il XVIII e il XIX secolo investiva in pieno le aree destinate a divenir forti dell'Europa. Al contrario, non può ignorarsi la presenza di una dinamica antifeudale innescatasi nell'isola come altrove, di fronte a cui il problema semmai è di individuarne le «caratteristiche peculiari»[21]. Poiché non v'è dubbio che, per il modo in cui s'è compiuta e per gli esiti che ne sono sortiti, qui ci troviamo di fronte ad «una via siciliana alla civiltà moderna e contemporanea»[22], mentre fortemente riduttiva deve risultare l'ottica con cui si tende a leggere le contraddizioni e gli squilibri dell'isola semplicemente in termini di arretratezza. Viceversa (e tanto, già per tempo, sono significativi i mutamenti intervenuti) lo storico Francesco Renda ritiene di poter cogliere con una formula generale «la storia della Sicilia preunitaria, poniamo dalla pace di Utrecht (1713) fino alla sbarco di Garibaldi a Marsala (9 maggio 1860)» come la storia del modo in cui è stata «realizzata nell'isola, sul terreno economico al pari

---

[20] Non si tratta dunque, come lamenta Piero Violante, di voler ribadire qui «la tendenza antimoderna che rafforza l'insularismo come luogo del pre-moderno» (P. VOLANTE, *Il disagio del progresso*, Edizioni della Battaglia, Palermo, 1995, p. 14), né di dar voce ancora a quel «rancore verso la storia intriso di terzomondismo», da cui deriva il dilemma «se la Sicilia debba considerarsi l'ultimo vagone dell'Occidente o la locomotiva dei paesi della costa africana» (*ibid.*, p. 15). Assumiamo piuttosto l'anomalia siciliana come un momento del più ampio, faticoso travaglio con cui si è compiuta (e si va compiendo) l'occidentalizzazione del mondo. Anche questo ci pare un modo (distante da ogni vittimismo terzomondista, ma attento ai processi di intrinseca distorsione con cui si riproduce il modello occidentale al di fuori della sua area centrale di riferimento) per «distogliere lo sguardo dall'ombelico insulare» (*ibid.*).

[21] F. RENDA, *Storia della Sicilia. Dal 1860 al 1970. I caratteri originari e gli anni dell'unificazione italiana*, Sellerio, Palermo, 1984, vol. I, p. 19.

[22] *Ibid.* Ci sarebbe allora una „via peculiare" siciliana come vi è stato un *Sonderweg* tedesco, i cui esiti paralleli, fatte le giuste proporzioni, sono stati nell'un caso la modernizzazione mafiosa e nell'altro il nazismo?

che sul terreno sociale e politico, la transizione dall'età feudale all'età capitalistica»[23]. La convinzione di fondo allora, per dirla ancora più chiaramente, è che «anche al di qua dello stretto» (e questo dentro un processo di svolgimento interno all',,arcaico" regime borbonico) «il feudalesimo ebbe termine e si affermò in sua vece il sistema capitalistico»[24]. Naturalmente il problema allora, viste le disparità di risultati, è quello di capire la natura peculiare di tale sistema nel modo in cui qui si è configurato, il suo genere di appartenenza cioè, poiché se di capitalismo si tratta, esso presenta, quanto ai suoi effetti e alle sue stesse forme di manifestazione, differenze rimarchevoli rispetto a ciò che generalmente oggi intendiamo con tale termine. È evidente, infatti, come il fenomeno della modernizzazione in Sicilia non abbia comportato, nella dinamica verso l'affermazione di attività, strutture, orientamenti all'azione di tipo capitalistico, l'imporsi nello stesso tempo di un parallelo processo di civilizzazione: non ha avuto cioè come esito una società strutturata attorno allo scambio pacifico delle relazioni di mercato, in un quadro di ordinamento giuridico in cui le norme statuite godano di effettiva validità generale e di sufficiente riconoscimento perché gli individui possano orientare il loro agire sociale e le loro strategie di affermazione economica in base ad esso[25]. Ad ogni modo, va ribadita l'osservazione di Renda secondo cui la Sicilia ha condiviso, non meno che altrove, pur con tutte le sue specificità (il che non va sottovalutato), lo stesso costituirsi delle condizioni strutturali fondamentali che segnano il passaggio ad un'età in cui predominano le forme dell'agire economico orientato in senso acquisitivo, con il correlativo consolidarsi della moderna proprietà privata, l'instaurarsi

---

[23] F. RENDA, *Storia della Sicilia*, cit., vol. I, p. 20.

[24] *Ibid.*, p. 19.

[25] Pezzino, di fronte alla nuova stagione di studi che tende a 'normalizzare' la vicenda storica del Mezzogiorno in un unico quadro europeo secondo modalità che gli sarebbero del tutto proprie, avverte però che si corre il rischio così di edulcorare le forme squilibrate della modernizzazione meridionale. Egli insiste perciò a non dimenticarne i limiti oltremodo notevoli (P. PEZZINO, «Quale modernizzazione per il Mezzogiorno?», in *Società e Storia*, n. 37, 1987; ripubl. in ID., *Il paradiso abitato da diavoli*, cit.). Tuttavia, bisogna precisare, si tratta di limiti *eterogenetici* intrinseci alla modernizzazione e non ad essa *esterni*. Vale a dire che il problema più grosso non è dato dai freni incontrati dalla modernizzazione nel Mezzogiorno, ma dal volto che essa vi ha assunto, dalle modalità che essa si è data proprio dove i vincoli tradizionalistici avrebbero potuto avere (e molto spesso hanno avuto) minor presa.

delle condizioni di mercato, il prender corso della dinamica del capitale e della sua valorizzazione. Su questo passaggio Renda non ha alcun dubbio. Lo storico siciliano infatti osserva come, nella sua dinamica di modernizzazione, la Sicilia si è trovata abbastanza per tempo sulle stesse direttrici lungo le quali si sono svolte le grandi trasformazioni europee. La Sicilia cioè ha vissuto pienamente «le tre vie della transizione» a cui si deve, nei paesi europei destinati ad andare confacentemente più a fondo in tale processo, quella grande rivoluzione agraria, il cui perno significativo e sostanziale non sta tanto nell'espropriazione delle grandi fortune patrimoniali o nel loro spostamento di mano, quanto piuttosto nel modo stesso di possedere la terra, per cui questa si costituisce ora, staccandosi dalle condizioni che ne facevano un possesso feudale, in moderna proprietà privata. Questo mutamento nel modo di possedere la terra, spogliata della sua antica configurazione feudale e trasformata in mezzo di produzione nel contesto della nuova azienda agraria, costituisce un fenomeno in Sicilia non meno riscontrabile che altrove, presente già anteriormente alla stessa unificazione nazionale, e destinato poi a proseguire più accentuatamente con essa. In particolare, Renda evidenzia come, se si osservano i processi che portano all'introduzione di rapporti capitalistici nelle campagne, individuandone quelle che sono le «tre direttrici comuni a tutto l'occidente», vale a dire: a) «l'eversione dell'asse ecclesiastico», grazie a cui i possedimenti fondiari ecclesiastici poterono essere messi a disposizione di nuovi proprietari orientati economicamente ad attività acquisitive; b) «la liquidazione degli usi civici e dei beni comunali», che comportava una dinamica simile a quella delle *enclosures* inglesi; c) la trasformazione dei feudi in allodi, cioè in libera proprietà privata sgravata da vincoli. obblighi e restrizioni[26] -, allora, poiché qui stessi eventi vi sono non meno riscontrabili, non è affatto azzardato affermare che anche la Sicilia si è trovata investita in pieno da quella stessa ventata modernizzatrice che stava strappando gran parte delle società europee dal loro tradizionale terreno di radicamento per gettarle in una nuova avventura[27]. Non mancò neppure il formarsi di quella proprietà media e medio-grande che ovunque aveva costituito la

---

[26] *Ibid.*, p. 77.

[27] Un processo, questo, estendibile, a tutto il Mezzogiorno, come fortemente ha insistito la storiografia più recente. Si veda A. MASSAFRA (a cura di), *Il Mezzogiorno preunitario. Economia, società e istituzioni*, Dedalo, Bari, 1988.

colonna portante del nuovo impeto produttivistico, a cui si deve la trasformazione del possedimento fondiario da motivo di prestigio a mezzo di produzione. E neppure fu assente nelle campagne un nuovo ceto di capitalisti pronto a fare dell'impiego di capitale il mezzo per mettersi a capo della conduzione della terra, per cui, ove i grandi proprietari tradizionali avessero continuato a rimanere indifferenti verso il carattere d'impresa che la proprietà fondiaria aveva assunto, questa nuova borghesia agraria avrebbe ben potuto supplirne la vacanza, introducendo le istanze acquisitive che definivano il suo ruolo sociale, e con ciò una mentalità economica quindi orientata alla produzione e agli affari. E invece, proprio da essa in Sicilia verrà fuori la mafia - che non fu dunque prodotto dell'«arretratezza» e dei «residui feudali», ma un genuino portato delle nuove dinamiche acquisitive. Si potrebbe anzi vedere nella mafia nient'altro che il prodotto della peculiare mentalità economica e giuridica della borghesia siciliana, come il liberalismo e l'economia di mercato lo è stato per il popolo di Hobbes, Locke e Adam Smith (e con ciò non si vuole esprimere un acritico giudizio positivo di valore nei confronti del liberalismo e dell'economia di mercato senz'altro, ma osservare ancora una volta come tortuose e incerte siano le vie della modernizzazione, i cui esiti spesso stanno in rapporto paradossale e inconseguente con le premesse, ove, come qui, si constati il fatto che, da una medesima dinamica sono sortiti risultati tanto differenti come il senso civico e lo stile parlamentare anglosassone, da un lato, e la totale assenza di spirito pubblico, accompagnata alle regole della lupara, dall'altro).

Ma allora, al di là del fatto che bisogna rassegnarsi a questa paradossalità storica, come è possibile comunque spiegare, posto che la Sicilia ha condiviso le stesse istanze di modernizzazione che altrove hanno avuto successo, l'esito fallimentare che qui si è prodotto, e cioè le conseguenze, non civilizzatrici, ma disgregatrici, gli effetti di barbarizzazione operatisi sul piano delle relazioni sociali, la lotta violenta, senza quartiere, per la conquista e l'accaparramento delle risorse, una volta scioltisi i vincoli tradizionali di obblighi e prestazioni che legavano gerarchicamente il tessuto sociale e che a loro modo vi davano coesione e stabilità? Quel grande conservatore che fu Sidney Sonnino ebbe già modo di osservare come da una modernizzazione parziale e limitata, cioè non abbastanza radicale e generalizzata, fossero più gli svantaggi che nuovi risultati positivi ad esserne derivabili[28]. Non si confonda questa posizione con quella che fa riferimento alle cosiddette „resistenze feudali" che avrebbero frenato lo sviluppo capitalistico. Sonnino, in realtà, sembra già individuare i contraccolpi insiti nello stesso processo di modernizzazione, cogliendone gli esiti imprevisti e indesiderati di cui essa è portatrice. «L'abolizione del diritto feudale - egli dice - non produsse nessuna rivoluzione sociale... Al legame tra il coltivatore e il suolo, che prima era costituito dalla stessa servitù feudale, non si sostituì come altrove l'altro vincolo della proprietà, ma invece quel legame fu semplicemente rotto, e il contadino si trovò semplicemente libero in diritto, senza doveri ma anche senza diritti, e quindi ridotto di fatto a maggiore servitù di prima per effetto della propria miseria»[29]. La conseguenza dunque di questo primo impatto di modernizzazione, destinato a bloccarsi sia sul piano delle figure sociali dominanti sia su quello della razionalizzazione produttiva, fu l'aggravarsi, fino a livelli disumani e insopportabili, delle condizioni materiali di vita dei contadini (poiché qui l'approccio riguarda più direttamente le relazioni economiche non si fa menzione naturalmente delle lacerazioni che si vanno producendo nell'universo aggregativo di cultura tradizionale). «Il contadino in molte parti vive ancora come un animale in mezzo agli animali» - scrive ancora Sonnino -, strozzato dai contratti capestro che proprietari avidi e rapaci (i quali preferiscono lasciare «le loro terre incolte piuttosto che concedere patti più equi ai lavoranti», e che «non conoscono altro impiego di capitali che l'usura») gli impongono[30]. Tutta la grande rivoluzione economica e politica moderna, che da un lato aveva introdotto la proprietà privata e il capitalismo, e dall'altro lo Stato nazionale e il parlamentarismo liberale, sembra pertanto essersi arrestata nella strozzatura prodottasi con le forme di orientamento al guadagno proprie delle vecchie classi dominanti e di una borghesia troppo facilmente pronta ad assumere l'habitus poco o

---

[28] S. SONNINO, *I contadini in Sicilia*, in L. FRANCHETTI/S. SONNINO, *Inchiesta in Sicilia*, Vallecchi, Firenze, 1974, vol. II, p. 115. L'espressione esatta dell'autore suona in questo modo: «Talvolta un progresso troppo parziale è cagione di dolori per l'umanità».

[29] *Ibid.*, pp. 262-263.

[30] *Ibid.*, p. 303

punto imprenditoriale di quelle[31]. Sonnino perciò, a dispetto di tutte le trasformazioni avutesi, vede la Sicilia in preda ad un intreccio perverso, quello per cui, cioè, a fattori „progressivi" e di sviluppo farebbero seguito effetti „regressivi" e involutivi. «Qui - egli dice - tutte le libertà, tutte le istituzioni dell'età moderna non giovano in nulla a due terzi e più della popolazione. Son tutti lussi pei signori, pei cosiddetti galantuomini. Al cafone resta la sola libertà di scegliere tra il soffrire la fame e la miseria lavorando, o smettere e morire»[32]. A quindici anni dalla rivoluzione nazionale, dopo decenni di trasformazione, già il bilancio che si può trarre dalla dinamica economica e politica della modernizzazione è del tutto fallimentare. E certo non per le resistenze arcaiche che vi si sarebbero opposte. Certo, è vero che la modernizzazione viene fagogitata da modelli di comportamento tradizionali: ma proprio se guardiamo ai modelli forti, questo non costituisce necessariamente un motivo di svantaggio, e può essere anzi una risorsa in più. Ad ogni modo, noi vediamo che la modernizzazione qui è favorevolmente accolta, fatta propria dalle stesse figure sociali che, come altrove in Europa, vi

---

[31] «L'accesso alla proprietà da parte di nuovi ceti sociali, in conseguenza della liquidazione dell'asse ecclesiastico o di acquisti a vario titolo, aveva in verità ridotto l'assenteismo nelle campagne. I nuovi acquirenti borghesi, i quali spesso continuavano a vivere in paese (...), erano molto meno disposti degli eredi della vecchia aristocrazia a ricorrere al gabelloto intermediario nella gestione dell'azienda agraria, ma l'esclusione dell'intermediario tra detentore del capitale fondiario e lavoratori non significa affatto l'adozione di un diverso criterio di gestione aziendale, né una modifica dei rapporti di produzione. Anch'essi si comportavano come avevano fatto per secoli i gabelloti, con la sola differenza di assommare nella propria persona le due figure del *rentier* e dell'intermediario» (O. CANCILA, *L'economia della Sicilia. Aspetti storici*, Il Saggiatore, Milano, 1992, p. 212). Ancora tra gli attivi in agricoltura censiti nel 1936 risulta una consistente fetta di conduttori-non coltivatori. «Non è improbabile che [ne] facessero parte anche grandi proprietari e nobili che non avevano un lavoro borghese, oltre ai medi proprietari di paese, i *galantuomini* o *civili*, come si chiamavano allora» (ID., *Storia dell'industria in Sicilia*, Laterza, Roma-Bari, 1995, P. 337). L'orientamento delle classi sociali a questo proposito non muta nemmeno negli anni successivi alla guerra, in un momento decisivo per le nuove opportunità che si offrivano. Il tentativo compiuto nel 1949 dalla Regione di incentivare gli investimenti industriali e armatoriali ebbe ad esempio «risultati alquanto deludenti, perché gli industriali del nord si mossero in pochi, la Sicilia era priva di consistenti strati borghesi con aspirazioni imprenditoriali e i latifondisti siciliani preferivano investire in rendita urbana, anziché in nuove imprese industriali, i capitali realizzati con la legge di riforma agraria» (*ibid.*, p. 367).
[32] S. SONNINO, *I contadini in Sicilia*, cit, p. 303.

scorgono un'occasione per spezzare le rigide barriere presenti nella società tradizionale.

Sonnino si è accorto per tempo del paradosso in cui si condensa tutta la modernizzazione siciliana. Egli vede come proprio dentro le istituzioni moderne della legalità, e non al di fuori di esse, si riproducono relazioni dirette di potere, vincoli personali, rapporti di subordinazione propri del modello tradizionale di orientamento sociale. «In Sicilia - egli osserva - con le nostre istituzioni, modellate spesso sopra un formalismo liberale anziché informate ad un vero spirito di libertà, noi abbiamo fornito un mezzo alla classe opprimente per meglio rivestire di forme legali l'oppressione di fatto che già esisteva, coll'accaparrarsi tutti i poteri mediante l'uso e l'abuso della forza che tutto era ed è in mano sua»[33].

L'idea che l'anomalia siciliana sia da imputare ad una modernizzazione bloccata o incompiuta si basa, invece, nella sua ricostruzione genetica, su tre elementi di fondo: a) mancata trasformazione della vecchia aristocrazia fondiaria in classe di moderni imprenditori agrari; b) mancato sopravvento della proprietà terriera di tipo borghese sulla proprietà segnata dalla sua ascendenza feudale; c) assenza di quel peculiare dinamismo produttivo-capitalistico che, nei paesi a modernizzazione riuscita, caratterizza le classi medio-borghesi[34]. Ora, se si guarda bene, i motivi a) e c) non fanno altro che lamentare l'insufficienza o la completa latitanza di uno spirito capitalistico, di quell'*ethos* specifico cioè che attribuisce valenza sociale positiva alle attività economiche e vi indirizza gli sforzi e gli orientamenti degli individui; mentre solo il punto b) fa riferimento a delle cause a cui si potrebbe ascrivere una natura più propriamente strutturale. Tuttavia, quest'ultimo motivo lasciato a se stesso non potrebbe che risultare aleatorio. Infatti, la dinamica attraverso cui la proprietà borghese prende il sopravvento sulla proprietà fondiaria è un processo attribuibile a fattori strutturali, oppure non dipende in fin dei conti dalla disponibilità o meno degli antichi feudatari a trasformarsi in imprenditori capitalistici e dal tipo di orientamento mostrato dai ceti medi e dalla „borghesia" verso le attività economico-produttive? D'altronde, sulla consistenza effettiva

---

[33] *Ibid*, p. 263. Questo motivo, d'altronde, costituisce il tema chiave del volume della stessa *Inchiesta* scritto da Franchetti.

[34] F. RENDA, *Storia della Sicilia*, cit., pp. 77 sgg.

delle trasformazioni strutturali attuatesi (cioè in sostanza sull'ampiezza dei possedimenti fondiari caduti in mano borghesi e quindi sul declino più o meno avanzato della grande proprietà aristocratica) gli studi e le testimonianze sono ben lungi dal convergere verso indicazioni univoche. Sonnino, di fronte ai dati ottimistici forniti dai relatori dell'inchiesta governativa ufficiale che s'era tenuta parallelamente a quella svolta da lui con Franchetti, contesta che, come lì si sosteneva, la piccola proprietà avesse, dopo l'unificazione, guadagnato in estensione, lamentava anzi che «la proprietà nella maggior parte della Sicilia [fosse] pochissimo divisa» e che addirittura «segnatamente nella parte interna e meridionale dell'Isola manca una vera classe di proprietari piccoli e medi...»[35]. L'alienazione delle proprietà demaniali ed ecclesiastiche, prontamente compiuta ed ultimata dal nuovo Stato italiano, era andata, infatti, tutta a vantaggio della grande proprietà, la quale, con metodi camorristici, si era impossessata di quell'enorme ricchezza che altrimenti avrebbe potuto servire «come strumento della rigenerazione del Paese»[36]. Più tardi, per Emilio Sereni invece il quadro abbastanza diffuso che ci offre il Mezzogiorno sul finire del XIX secolo è quello di «una situazione alquanto paradossale», per cui, fermo restando che «l'estensione della proprietà nobiliare non è affatto diminuita», nello stesso tempo però la borghesia terriera ha ormai «allargato il suo dominio su vaste estensioni di terra»[37]. Per Renda, infine, è innegabile che, addirittura in epoca già preunitaria, vi sia stata la diffusione di un nuovo tipo di proprietà borghese, mentre ciò che veramente sarebbe mancato, o avrebbe avuto scarso rilievo, è l'azienda contadina condotta dallo stesso proprietario[38]. Trasformazioni significative nel possesso della terra anche in senso

---

[35] S. SONNINO, *I contadini in Sicilia*, cit., p. 314.

[36] *Ibid.*, p. 162. E ancora, con più precisione: «Per nessuna altra regione d'Italia è tanto da deplorarsi lo sperpero fatto di quell'immensa ricchezza che lo Stato aveva nelle sue mani, come per la Sicilia; e in nessun altro luogo poteva meglio adoperarsi quella ricchezza come strumento della rigenerazione del paese, senza che per questo lo Stato ci rimettesse nulla, né urtasse la suscettibilità del più permaloso tra gli economisti smithiani» (*ibid.*).

[37] E. SERENI, *Il capitalismo nelle campagne (1860-1900)*, Einaudi, Torino, 1968[2], p. 145.

[38] Su questo mi pare concordino sostanzialmente i dati più dettagliati offerti da O. CANCILA, *L'economia della Sicilia*, cit., in particolare cap. III: «Dal feudo alla proprietà borghese: la distribuzione della terra».

borghese non sarebbero state dunque estranee alla Sicilia, ciò che invece pare assente è l'impresa contadina che altrove s'è poggiata giusto su queste modificazione proprietarie. In sostanza, Renda vi vede sì la proprietà borghese, ma per nulla l'azienda agraria capitalistica. Come spiegare allora questa sconnessione con il modello che normalmente identifica la proprietà borghese con l'impresa capitalistica? Sono artigiani, esercenti, bottegai, professionisti, impiegati e soprattutto molti cosiddetti 'civili', quelli che hanno acquistato la terra, approfittato della deriva aristocratica o della secolarizzazione dei beni ecclesiastici; sono questi, i piccoli e medi proprietari che fanno la loro comparsa nell'isola e che, lungi dall'assumere una condotta imprenditoriale, si mostrano paghi semmai di aver conquistato con la terra un mezzo di prestigio, un bene rifugio o semplicemente una rendita sul lavoro contadino. I „burgisi" invece, i „massari", cioè quei contadini coltivatori diretti, agiati e benestanti, che avrebbero potuto sviluppare una mentalità economico-produttiva moderna e dinamica, rimangono una presenza minoritaria nella quota della terra in loro possesso[39].

Ma ecco che proprio qui, con questa osservazione, mentre sembra che ci si avvicini al grado massimo delle virtù esplicative che la tesi „strutturalista" della modernizzazione fallita avrebbe potuto darci, si affacciano di nuovo a far capolino, come istanze predominanti, i motivi della insufficiente vocazione capitalistica dei ceti che avrebbero dovuto o potuto guidare la transizione: in primo luogo i proprietari borghesi e i possessori di capitali, ma non meno gli stessi aristocratici ove avessero sentito il pungolo della loro metamorfosi sociale in senso imprenditoriale. Giacché «anche in Sicilia come in ogni altro paese d'Europa» quegli stessi proprietari terrieri medi e medio-grandi che lì «erano stati i protagonisti delle più imponenti, mai viste trasformazioni agrarie», «erano gli elementi sociali più dinamici e si doveva alla loro opera quel tanto di buono o di nuovo che fosse dato vedere»[40]. Con questo ci pare che il peso da attribuire alle condizioni strutturali per spiegarsi il carattere inadeguato della modernizzazione siciliana vada decisamente ridotto, se è pure vero che, come Renda ribadisce ancora una volta, sia sul piano delle modificazioni proprietarie, sia su quello della formazione di nuove figure sociali dinamiche, confrontati con

---

[39] F. RENDA, *Storia della Sicilia*, cit., p. 82.
[40] *Ibid.*

quanto avvenuto nelle aree forti, il terreno della transizione presenta qui appena delle disparità, e non è meno fertile che altrove. Ed allora, cosa è mancato? Sebbene lo storico siciliano ritornerà più avanti insistendo anche lui su una spiegazione di tipo „strutturalista", basata cioè principalmente sui fattori condizionanti di natura oggettiva, materiale, sociale, che avrebbero posto ostacoli insormontabili ad una piena modernizzazione, la prima risposta che invece ci viene incontro è quella relativa agli orientamenti dei soggetti sociali coinvolti nella transizione, nel momento in cui si imputa all'assenza di un vero e proprio spirito capitalistico in senso moderno la mancata trasformazione in profondità delle strutture sociali e delle forme economiche di proprietà. Poste infatti le trasformazioni di cui abbiamo detto,

«ciò che colpiva, tuttavia, era una circostanza abnorme. Nel rapporto col mondo aristocratico ex feudale questi proprietari di nuova formazione contavano meno di quel che valevano. In sostanza, tra borghesia agraria e nobiltà il confronto era piuttosto squilibrato, a volte di dipendenza e di inferiorità. Non era la borghesia agraria ad avere una funzione egemonica e ad imporre il suo modello di comportamento. Era invece il vecchio mondo baronale a mantenere integro il suo ruolo di leadership.

Seppure considerevole, la formazione di un ceto di borghesia agraria non si tradusse perciò in fatto rivoluzionario, cioè in radicale trasformazione della realtà economica, sociale, politica, culturale e morale dell'isola. Non ci fu la crescita coerente ed organica di una nuova mentalità né si ebbe l'affermarsi di una nuova ideologia corrispondente»[41].

Dunque, sostanzialmente il punto è che né dai nuovi ceti borghesi venne promosso un nuovo stile di vita, un nuovo atteggiamento verso le attività economico-produttive, tale da permettere il sorgere di una vera e propria conduzione d'impresa, né dal seno della vecchia aristocrazia emerse una generazione all'altezza coi tempi che sposasse la nuova mentalità economica, secondo cui il possedimento fondiario avrebbe dovuto cessare di essere un mezzo di prestigio o semplicemente la fonte a cui attingere in vista di un livello di consumi signorili, per acquistare invece il carattere di un mezzo di produzione da usare unicamente in funzione dell'accrescimento razionale e tecnicamente efficiente della ricchezza, la quale, a sua volta, avrebbe dovuto essere sentita non più

---

[41] *Ibid.*, pp. 82-83.

28

come un bene unicamente personale, ma come un'entità astratta e sovrapersonale, tale da non essere più a disposizione del proprio capriccio e da suscitare quindi nei suoi confronti un senso del dovere del tutto nuovo.

3. L'inclinazione antieconomicistica dell'aristocrazia siciliana

La fine del feudalesimo, decretata dalla stessa aristocrazia siciliana col Parlamento del 1812, fu contemporaneamente un risultato dovuto alla forza delle circostanze, a miopia e a calcolo interessato. La rinuncia ai diritti signorili sembrava non comportare un grande aggravio, mentre in compenso si acquisiva la piena proprietà della terra, finalmente liberata dai vincoli feudali che ne limitavano la piena disponibilità per gli stessi possessori. Ciò che non si capì fu che, istituita in questo modo la figura del proprietario privato, questi doveva ora per forza di cose assumere le funzioni economiche necessarie alla profittevole conduzione del bene che gli apparteneva. Erano caduti i vincoli personali, ma nasceva l'obbligo rispetto alla proprietà divenuta ora esclusivamente nudo bene economico. Come dirà Sonnino, ciò comportava il «concetto che la proprietà territoriale è non soltanto un diritto, ma ancora un ufficio, e implica non pochi doveri verso la società in genere»[42]. Allo stesso modo il feudatario, colui cioè che viveva inserito in una trama sociale di dominio (proprio) e subordinazione (degli altri), doveva ora imparare a non conoscer altro che la profittabilità del bene e trasformarsi in moderno *homo oeconomicus* che considera il proprio ruolo sociale non più come qualità (e cioè in base all'idea di rango, di gerarchia tra persone, di privilegio), ma come funzione (l'ufficio di cui parla anche Sonnino). Ed invece, la nobiltà siciliana indietreggiò con disdegno di fronte al prezzo sociale che essa avrebbe dovuto pagare per l'acquisizione in proprietà delle sue terre, e preferì soltanto pensare che una tale trasformazione epocale potesse servire come momentanea boccata d'ossigeno per le sue finanze dissestate in seguito al suo

---

[42] S. SONNINO, *I contadini in Sicilia*, cit., p. 141. Qui invece, precisa ancora Sonnino, «la proprietà vi è ancora considerata come una vera e propria dignità... [e] purtroppo l'idea di dignità, che si annette al fatto della proprietà fondiaria, non condotto dall'idea di ufficio e di dovere» (p. 103).

estremamente dispendioso stile di vita. Non prese neppure in considerazione l'idea di fare del tradizionale possedimento fondiario una moderna impresa capitalistica, e preferì invece che le cose andassero per il loro verso, abbandonandosi ad essere una mera classe residuale di consumo.

Ma è significativo come, malgrado già per tempo l'aristocrazia siciliana, legata economicamente all'esportazione del grano, avesse cominciato a dipendere da relazioni di mercato, essa però si sia sempre mantenuta distante dalla possibilità di assumere carattere imprenditoriale[43]. Anzi di fronte a questa prospettiva che essa doveva avvertire come un baratro, per il colpo di grazia che si abbatteva sulla sua idea di una condotta di vita signorile, la nobiltà siciliana preferì rimanere una „classe di consumo“, aspettando in questo modo di dissanguarsi completamente pian piano o tutto d'un colpo, provando in questo caso con la dilapidazione una sorta di euforia da catastrofe. Così, ciò che in definitiva sortì dall'abolizione della feudalità fu che, con la liberazione dei grandi patrimoni nobiliari da vincoli ed obblighi del vecchio regime, fu tolta loro anche quella protezione pubblica che ne garantiva la continuità e l'esistenza. «I principi e i marchesi furono lasciati liberi di amministrare le loro smisurate e incontrollabili ricchezze ereditate dai loro avi ed anche di disporne a piacimento. Ne seguirono dilapidazioni colossali, fortune immense dissipate, decine e centinaia di grandi e grandissime proprietà fondiarie vendute all'incanto o pignorate per debiti»[44]. D'altronde, uno stile di vita indirizzato al prestigio e al lusso

---

[43] «Già nelle ultime decadi del XVIII secolo, che videro il suo massimo splendore, scopriamo i difetti che l'avrebbero portata alla decadenza: ozio, gusto del fasto, mancanza di spirito civico e di senso di responsabilità ma soprattutto il disastroso disprezzo per la terra che ha trasformato la nobiltà terriera in cittadina e mondana, e la ricca Sicilia nel triste paese del *latifundium* deserto, senza case né alberi e spesso senza coltivazioni» (H. TUZET, *La Sicile au XVIIIe siècle vue par les voyagers étrangers*, Heitz, Strasbourg, 1955; trad. it., *Viaggiatori stranieri in Sicilia nel XVIII secolo*, Sellerio, Palermo, 1988, p. 372)

[44] F. RENDA, *Storia della Sicilia*, cit., p. 75. Un tempo invece, in regime feudale, erano posti forti impedimenti istituzionali che fungevano da freno alla dissoluzione del patrimonio:

«Vendere terra per essere sciolti da un debito non era sempre facile: vi si opponevano il costume feudale, il maggiorasco, con tutti gli ostacoli legali che implicava, e i 'diritti promiscui' di pascolo posseduti dagli abitanti dei villaggi sui latifondi da tempo immemorabile; inoltre i diritti regi di sovranità sui feudi baronali, per quanto di confusa

aveva da sempre caratterizzato l'aristocrazia siciliana, che si era spinta oltre ogni limite nelle spese di piacere, nella soddisfazione maniacale del proprio puntiglio di grandezza, nella costosa propensione per i beni voluttuari più bizzarri[45], per cui non si capiva come mai, ora che i tempi moderni si facevano così promettenti nell'offerta di comodità, bisognasse cambiare abito ed usanze (non si capiva cioè come l'aumento delle opportunità nel consumo di beni si accompagnasse a richieste più esigenti, a nuovi doveri). L'*ethos* aristocratico, dappertutto condiviso in età premoderna, il quale imponeva che il valore, la dignità e il rango della persona fossero commisurati non solo alle possibilità di reddito ma anche alla capacità di spesa e al livello dei consumi[46], in Sicilia s'era tanto radicato e portato ad esasperazione da ritenersi preferibile la rovina economica piuttosto che l'astenersi da spese ritenute d'obbligo, fino al punto che chi voleva innalzarsi in onori ingaggiava delle vere e proprie gare di prodigalità per mostrare di non essere da meno o per marcare

---

memoria, potevano rendere un po' problematico il trasferimento di proprietà» (D. MACK SMITH, *A History of Sicily*, Chatto & Windus, London, 1968; trad. it., *Storia della Sicilia medievale e moderna*, Laterza, Roma-Bari, 1976², vol. II, p. 370).

[45] Fin dalla fine del '500, osserva il Di Blasi, «il lusso principalmente nella nobiltà era arrivato a tal segno, che amministrando malamente le sue rendite, e spendendo più di quello che aveva, barattando il denaro in un numero eccessivo di servidori, in superbi cocchi, in vestiti ricchissimi, in apparature nelle proprie case di esquisitissimo gusto, ed in feste ed in desinarsi nell'occasione di nozze, di parti e di battesimi. Divenendo carichi di debiti e non potendo soddisfarli, erano i cavalieri costretti ad alienare i loro beni, per la mancanza dei quali il loro ceto decadea dell'antico splendore» (G. E. DI BLASI, *Storia del Regno di Sicilia. Dall'epoca oscura e favolosa fino al 1774*, Dafni, Catania, 1983, copia anastatica dell'ed. 1847, p. 262). Cfr. anche G. PITRÉ, *Palermo nel Settecento*, Sandron, Palermo, 1916, in part. cap. IX: «Nobiltà e gara di fasto».

[46] Così Sombart tracciava l'atteggiamento di totale indisponibilità per le cure economiche (o meglio, per una condotta razionale di vita sul piano economico) che caratterizza i ceti aristocratici, almeno finché essi rimangono tali - cioè al di qua di una mentalità borghese: «Tutto ciò che è definibile come denaro, e che ha un valore monetario, viene disprezzato. Occuparsi di economia, equilibrare le entrate e le spese, è considerato borghese, e viene lasciato alla cura dei maggiordomi. A che scopo avere della servitù, se ci si deve occupare in prima persona della gestione della casa? La vita non offre più gioie se ci si deve tormentare con i preliminari. Si compra questo e quello, e i conti li fa il tesoriere; costui vedrà come fare per pagarli. E si fanno debiti con i fornitori: cosa importa? È da bottegai pensare che i conti sono lì per essere pagati. Ed è ancora da bottegai stare a pensare se ci si può permettere una certa spesa, oppure no» (W. SOMBART, *Luxus und Kapitalismus*, Duncker & Humblot, München-Leipzig, 1922²; trad it., *Lusso e capitalismo*, Unicopli, Milano, 1988, p. 127).

come segno di distinzione la propria distanza sociale nei confronti degli altri.

Occasioni particolari in cui non ci si peritava di dar via cifre esorbitanti non mancavano mai, e tra queste un posto di rilievo occupavano, spingendosi qui fino al parossismo, sia il puntiglio di dotare gli sposi conformemente al proprio desiderio di eccellere socialmente sia le spese per i funerali, che «costituivano una spirale in cui ciascuno cercava di superare gli altri», non solo per la nobiltà, ma perfino per la gente di condizione inferiore, che tentava in tutti i modi di scimmiottare il costume dei grandi[47]. La sontuosità del funerale, in particolare, affondava nell'immagine peculiare e nel simbolismo della morte propri del modo di sentire isolano, che trasformava l'estremo ed irrevocabile distacco dal mondo nell'esplosione finale dello splendore effimero della festa.

«Per il barone, anche la propria morte costituiva un grande spettacolo. Era anzi - e la cosa sbalordiva i viaggiatori provenienti dal Nord Europa - l'atto più importante e glorioso dell'intera esistenza. Il funerale, che a volte era poi una serie di funerali, doveva essere l'estremo segno della potenza goduta in vita [...]. Al corteo funebre partecipavano in vetture tutti i migliori casati di Palermo, e a piedi centinaia di monache, frati, ragazzi e ragazze degli orfanotrofi, i componenti delle corporazioni di mestiere, delle congreghe e delle confraternite, i servitori con le torce in mano e fiumane di popolo. Per il defunto nobile o almeno dottore, le campane della città suonavano a morte per pomeriggi interi. La partecipazione a un grande mortorio era una pratica quasi settimanale e, naturalmente, doverosa»[48].

Ma se la morte doveva essere il momento riassuntivo dell'intera esistenza ed occasione per dimostrare come non si badasse a spese nelle cerimonie funebri, la vita si conduceva all'insegna di una sfrenata corsa allo sfarzo. «Viaggiatori stranieri del '700 come Brydone e Bartels scoprirono con sorpresa che Palermo era la città più godereccia e dissoluta d'Europa»[49]. Ancora all'inizio dell'800 John Jackson avvertiva come a Palermo «perdono il tempo in balli, mascherate e analoghe dissipazioni», mentre altri stupefatti visitatori di austera ascendenza

---

[47] D. MACK SMITH, *Storia della Sicilia...*, cit., vol. II, pp. 372-373.
[48] P. ZULLINO, *Guida ai misteri e ai piaceri di Palermo*, SugarCo, Milano, 1981, p. 65.
[49] *Ibid.*, pp. 62-63.

puritana arrivarono a credere che a Palermo ci fossero più palazzi «che in tutte le città dell'impero britannico insieme»[50]. Ma oltre alla magnificenza e alla numerosità dei palazzi cittadini, cominciò a diventare moda lungo il '700

«possedere una splendida villa fuori le mura in cui potersi ritirare tra le feste di S. Rosalia, in luglio, e le piogge autunnali. Il principe di Butera aveva dato inizio a questa moda verso il 1650, e uno degli incentivi era stato il desiderio d'istituire un altro mezzo di distinzione tra i veri aristocratici e gli arrivisti in cerca di titoli.

Duecento di queste ville furono iniziate nel diciottesimo secolo spesso senza alcuna considerazione per il costo. Dozzine di esse non furono mai completate e avevano solo una splendida facciata che suggeriva ai passanti immagini di fasto. È possibile che questa fosse la causa fondamentale per cui la classe aristocratica accumulò tanti debiti. Queste ville restano a testimoniare la predilezione della nobiltà per una vita di lusso, ricordo di casate autoritarie che spesero tanta parte del reddito nazionale per il mantenimento di enormi famiglie patriarcali»[51].

Accanto alle spese ingenti per ville e palazzi, vi erano poi i consumi non meno esorbitanti per il mantenimento quotidiano, che andavano dal possesso e dalle spese di equipaggiamento per almeno una carrozza (ma preferibilmente due), ai vestiti, alla munificenza da esibire nei casi di ospitalità fino al forte consumo di zucchero, pasticceria e gelati che tanto colpiva gli stranieri visitatori[52]. Non solo l'aristocrazia siciliana non badava a spese per mantenere il decoro delle apparenze e del rango, ma era addirittura così pienamente posseduta dal desiderio di non sfigurare che, ad esempio, «quando il marchese di Regalmici fu incaricato di recare soccorsi urgenti a una zona danneggiata dal terremoto, insisté per attendere finché non fosse in condizione di partire dignitosamente, accompagnato da un numeroso e brillante corteo, e così arrivò con gran ritardo»[53]. La smania vanitosa di mostrarsi in pubblico con i segni della propria distinzione, vera o supposta che fosse, non poteva che alimentare in particolare una forte inclinazione per le carrozze, tanto che agli inizi

---

[50] D. MACK SMITH, *Storia della Sicilia...*, cit., vol. II, p. 373.

[51] *Ibid.*

[52] *Ibid.*, p. 375.

[53] *Ibid.*, p. 374.

del '900 era divenuta una fissazione diffusa in tutte le classi della popolazione che potevano in qualche modo permetterselo.

«Le carrozze in Palermo si vedono brulicare numerose più che in qualunque altra città. Ciò perché per la carrozza il palermitano è monomaniaco. Se nel bilancio domestico, dopo le spese della casa, degli abiti e della tavola ei può racimolare una sommarella, non ci pensa due volte, e mette su carrozza. Sia pure un guscio di noce, tirato da un asinello bolso e allampanato, ei lo guida tronfio per le vie più frequenti e schicca la frusta perché la gente si volti e dica: ha una carrozza propria! Ed egli è soddisfatto nella sua ambizione»[54].

L'altra grande passione dell'aristocrazia siciliana, che naturalmente faceva a pugni con le esigenze di una condotta economica ordinata e razionale era quella del gioco. Ancora all'inizio del nostro secolo i rampolli dell'aristocrazia siciliana, il cui vizio maggiore era quello del gioco d'azzardo, non avevano imparato a smettere di sperperare allegramente e «con folle disinvoltura il patrimonio famigliare».

«Si puntavano e si perdevano intere fortune: nei circoli, ma soprattutto nel chiuso delle case private. Il gioco d'azzardo è nel sangue dei panormiti, tutta la loro storia è una partita a *chemin de fer*, e un giocatore si sarebbe visto morto prima che dichiararsi battuto»[55].

---

[54] P. ZULLINO, *Guida ai misteri...*, cit., p. 106. Si veda anche la testimonianza del Salafia : «Dalla nostra credenza che il lusso consiste nel possedere una o due carrozze di perfetta costruzione, ne è nato il bisogno il quale ha assicurato un consumo costante. E talora vedi mancare, tanto è la smania di averne!, nelle case di agiati cittadini, i libbri della loro professione, e tutt'altro che ricercar dovrebbesi prima assai di goderne. Osservi allo spesso i nostri nobili addebitarsi, quando lo possono e quando no, arretrare i salari delle persone stesse che li servono ed i pesi del loro patrimonio per la brama di comprar cavalli e carrozze [...] In Sicilia, bisogna convenire, non è tenuto per nobile o per ricco chi non ne possiede. Soventi volte sentesi giudicare del merito di un forense o di un medico dal numero delle sue carrozze: e se qualcuno dell'alto ceto dotato di un sano criterio, superiore alla sua classe, persuaso che la vera ricchezza riposa nella opinione pubblica, cercasse, onde tenere in corrente i suoi debiti patrimoniali, di limitare le sue erogazioni di lusso; la sua casa diventa allora piccola, la sua finanza esausta! Vedi quanto può la forza dei pregiudizi!!!» (SALAFIA, *Sull'industria della nazione siciliana*, Palermo, 1839, p. 114, cit. in O. CANCILA, *Storia dell'industria in Sicilia*, Laterza, Roma-Bari, 1995, p. 97).

[55] P. ZULLINO, *Guida ai misteri...*, cit., p. 108.

Il che conferma, a distanza di oltre un secolo, ciò che già il Di Blasi aveva avuto modo di osservare nel 1790: «Il lusso e il gioco erano sempre state in Sicilia le passioni dominanti della nobiltà»[56].

Ora, se questo era lo spirito e l'orientamento di vita dell'aristocrazia siciliana, tale da resistere ai mutamenti d'orizzonte della società moderna, si comprenderà bene come ogni cura verso l'amministrazione dei beni e del patrimonio dovesse venire completamente disattesa, e come le divenisse del tutto impossibile disporsi ad accogliere il nuovo *ethos* economico che a partire da un certo momento si era andato impiantando in Europa. È vero che questi stessi tratti dell'aristocrazia siciliana erano pure presenti, nello stesso grado o meno, laddove si andava svolgendo la rivoluzione moderna. Ma se altrove riusciva il miracolo della conversione dell'aristocrazia alle attività economiche produttive[57], non per questo, proprio perché tale, si deve assumere che avrebbe dovuto prodursi anche da noi. Era più naturale invece ciò che è accaduto, e cioè che l'aristocrazia continuasse a condursi secondo il suo usato costume, che comportava una completa impermeabilità al nuovo orientamento economico rivolto ad una condotta efficiente, razionale, produttiva dei propri beni patrimoniali. Mentre infatti «il commercio e l'industria non offrivano alcuna attrattiva» ai suoi occhi[58], e malgrado il bisogno o il desiderio fortissimo, a volte esasperato, di conservare o accrescere il patrimonio famigliare, l'idea utilitaristica di introdurre

---

[56] Si veda D. MACK SMITH, *Storia della Sicilia...*, cit., vol. II, p. 372. Cfr. anche G. PITRÉ, *Palermo nel Settecento*, cit., in part. cap. X: «Passione per il gioco». D'altronde il lusso e il gioco d'azzardo sono forme abbastanza simili, calati cioè dentro uno stesso orizzonte culturale di riferimento in sé omogeneo. Del secondo in particolare R. Caillois nota come - e l'osservazione è certamente estendibile al di là del contesto della vita primitiva a cui è riferita - si tratti di una «activité type de risque et de dilapidation, directement opposée à l'accumulation lente et sûre de richesse par le travail» (R. CAILLOIS, *L'homme et le sacré*, Gallimard, Paris, 1950, p. 150).

[57] Non meno che l'aristocrazia inglese, questa conversione riguardò, a suo modo, anche l'aristocrazia prussiana. «Lo Junker tendeva in generale a esercitare una funzione diretta nell'organizzazione della produzione, quando non fosse impegnato nei suoi compiti amministrativi. In altre parole egli era spesso il gestore reale - e non semplicemente nominale - delle sue terre [...]. Poco comune era il fenomeno dei grandi proprietari assenteisti, che devolvevano le funzioni amministrative della riserva ad intendenti e fattori» (P. ANDERSON, *Lineages of the Absolutist State*, Verso, London, 1979; trad. it., *Lo Stato assoluto*, Mondadori, Milano, 1980, p. 238.

[58] D. MACK SMITH, *Storia della Sicilia...*, cit., vol. II, p. 370.

sistemi più efficienti di direzione agricola, non solo venne disertata perché se ne ignorava l'esistenza, ma andava soprattutto contro i *mores* correnti consentiti e radicati[59], ed inoltre non rivestivano alcun interesse per i grandi proprietari feudali. Non solo per ignoranza e mancanza di curiosità intellettuale per gli aspetti pratici della vita, ma perché appartenente ad un universo di cultura per loro completamente estraneo e inconcepibile, «il calcolo dei profitti e delle perdite su vasta scala era al di là delle loro possibilità»[60] - e allora non rimaneva altro che angariare e sfruttare fino all'osso i contadini, magari per interposta persona come avvenne con l'uso di dare in gabella le loro terre ai nuovi capitalisti agrari.

4. L'orizzonte di valori delle classi medie

La crisi del feudalesimo nelle campagne, la perdita del ruolo militare dell'aristocrazia terriera (che peraltro in Sicilia era stato da sempre pressoché assente) ed il trasferimento nello scenario della città del modello di vita signorile, l'emergere di nuove forze, di nuovi soggetti che prendono in mano la direzione degli affari economici, tutto ciò dunque che, protagonista essa pure di tali processi, accomuna la Sicilia al corso di modernizzazione intrapreso nelle aree dinamiche dell'Europa, finisce qui, invece di provocare un balzo nel processo di civilizzazione, per produrre uno scatenamento sregolato delle pulsioni acquisitive, che trasforma il «dolce commercio», come lo aveva chiamato Montesquieu, in conflitto violento[61]. Ma ad ogni modo, in Sicilia non meno che altrove,

---

[59] *Ibid.*, p. 369.

[60] *Ibid.*

[61] Le pratiche economiche razionali (e tali sono quelle orientate al profitto tramite la produzione di beni o la prestazione di servizi orientate al mercato) presuppongono un universo sociale privo di violenza. Non c'è dubbio che il governo delle nude leggi dell'economia non elimina i rapporti di dominio, ma questi devono essere mediati dalla funzione e dalla oggettività della posizioni di mercato, e non possono imporsi in modo arbitrario. Inoltre, come nota Norbert Elias, le costrizioni economiche «sono meno cariche di passionalità, più moderate, più stabili e continuative delle costrizioni che l'uomo esercitava sui suoi simili in una società di guerrieri» (N. ELIAS, *Über den Prozess der Zivilisation*, Francke, Bern, 1969 (nuova ed. Suhrkamp, Frankfurt a. M., 1981); trad. it., *Potere e civiltà*, Il Mulino, Bologna, 1983, p. 313).

la distanza che l'aristocrazia mantiene dalla sue basi materiali di esistenza, dal contesto di vita delle campagne, introducono una dinamica che tenderà sempre più a fare di essa una classe residuale, per lasciare quindi spazio ai quei nuovi soggetti disposti ad interpretare e a soddisfare le nuove forme di comportamento economico di cui essa è incapace. Tale innesto di moderni orientamenti che mobilitano gli individui verso il mondo della produzione e degli affari, avviene in Sicilia all'interno di un quadro che vede assenti, da un lato, uno Stato in grado di assicurare la legalità e con ciò un andamento pacifico della competizione tra gli individui; e dall'altro un *ethos* specifico imperniato sui valori della laboriosità come portato di una classe media situata dentro l'orizzonte per essa costitutivo dell'agire economico.

Il processo di modernizzazione si presenta in Europa con la caratteristica del riconoscimento della piena autonomia degli individui nello spazio sociale a loro completamente affidato che è quello economico; nello stesso tempo, tale spazio così sottratto agli interventi dell'autorità politica, viene ad essere rivendicato e accolto come ambito dell',,uomo di natura", come emancipazione dalla servitù sociale in un luogo in cui finalmente potevano essere in vigore i rapporti naturali della libera competizione tra gli individui per la propria affermazione. A garanzia della sussistenza di tale ,,strato di natura", doveva essere posta però una condizione necessaria e imprescindibile, senza di cui l'universale concorrenza acquisitiva non avrebbe potuto perdurare ed anzi avrebbe messo in forse la stessa tenuta aggregativa del tessuto sociale comune: e cioè che lo spazio della competizione, l'arena dove ognuno avrebbe potuto perseguire i propri fini privati, scontrarsi con i propri simili, concorrere per le stesse mete, in cui insomma era possibile dare libero corso alla lotta reciproca per l'esistenza , questo spazio doveva essere nello stesso tempo pacificato, vale a dire doveva, per comune consenso tra i partecipanti, vedere la rinuncia all'arma estrema della forza fisica e della violenza. Gli individui solo a questa condizione avrebbero potuto riacquistare la loro ,,libertà naturale", rinunciando cioè alla più radicale delle facoltà di cui la natura ci ha dotati: quella di arrecare danno fisico diretto a coloro con cui si entra in conflitto, fino a poterne determinare la morte. Per poter competere liberamente e senza limiti, gli individui dovevano così privarsi della facoltà più diretta e accessibile, la quale aveva costituito in parte fino allora uno dei mezzi possibili per raggiungere i propri scopi: quella della violenza fisica. Il ritorno allo ,,stato di natura" veniva così ripagato con l'abdicazione a ciò che costituisce il tratto più profondo e caratterizzante della natura stessa: la sua indifferenza al male, la sua crudele insensibilità, la sua impassibile presa d'atto davanti all'affermazione del più forte e alla resa del più debole.

Lo spazio sociale, dunque, si era potuto definire come „stato di natura" solo con l'espunzione della violenza e della forza fisica privata dai rapporti di concorrenza tra gli individui. Parallelamente a questo processo, tutta quella quantità di forza e di potere diretto che non poteva più trovare manifestazione all'interno dei rapporti sociali e delle dinamiche private, doveva ora essere raccolta e concentrata interamente in un solo luogo. È così che sorge, contestualmente al formarsi di una sfera economica autonoma, lo spazio politico dello Stato moderno, il quale, difendendo le proprie prerogative e la sua pretesa al monopolio della forza, viene nello stesso tempo a porre le garanzie a che le pulsioni acquisitive degli individui, riconosciute nel loro diritto a godere di libero corso, non sarebbero uscite dai limiti delle forme pacifiche e consensuali di scambio entro cui dovevano manifestarsi. Il problema dell'autorità a cui demandare l'esercizio della forza diviene perciò in età moderna decisivo e centrale, altrettanto, e forse più, di quello della „libertà naturale" dell'individuo e dell'arena economica svincolata dal dominio, le quali, l'una e l'altra, non sono pensabili senza la presenza dello Stato in quanto detentore unico della forza fisica, che si erge perciò, dopo aver disarmato i poteri dei singoli e dei gruppi che dispongono dell'uso della violenza, al di sopra di essi e si pone a guardia della competizione economica perché non si trasformi in guerra aperta.

Se perciò, da un lato, l'assunto fondamentale per il costituirsi dell'economia come sfera a sé stante, dominata unicamente dalle regole del calcolo e delle vedute razionali[62], è che gli individui partecipanti al gioco degli scambi e alle funzioni produttive abbiano completamente rinunciato ad esercitare ogni tipo di potere personale diretto, di natura

---

[62] L'economia scopre le sue leggi (e dunque diventa effettivamente tale, nel modo cioè in cui noi oggi la intendiamo) nel momento in cui si emancipa dalle altre sovradeterminazioni provenienti da altre sfere, qui in particolare da quella politica. Che l'autonomizzazione delle sfere d'azione comporti un processo di razionalizzazione costituisce uno dei momenti centrali dell'elaborazione weberiana. Cfr. W. SCHLUCHTER, *Die Entwicklung des okzidentalen Rationalismus: Eine Analyse von Max Webers Gesellschaftstheorie*, J. C. B. Mohr (P. Siebeck), Tübingen, 1979; trad. it., *Lo sviluppo del razionalismo occidentale*, Il Mulino, Bologna, 1987.

extra-economica, dall'altro, come pre-condizione dell'idea liberale di una società autoregolata nello spazio del mercato e dell'economico, rimane ancora essenziale l'ossessione hobbesiana di un sovrano pubblico a cui gli individui abbiano demandato l'uso della forza e che, nelle sue funzioni per la salvaguardia dell'ordine e della pace interna, susciti abbastanza timore da scoraggiare ogni uso privato della violenza.

È di questa garanzia che viene a mancare in Sicilia lo spazio economico svincolato dal potere, e questo proprio quando, paradossalmente, con l'unificazione nazionale, essa si trovò per la prima volta in presenza di uno Stato moderno, il quale avrebbe potuto fornire quei presupposti di cui fin qui si è detto. Come ebbe a notare efficacemente Franchetti, con quella sua grande sensibilità per i risvolti eterogenetici con cui si era compiuta la trasformazione sociale e politica siciliana, «fu bensì dato alla Sicilia un carattere più democratico col lasciare aperta la via ad ognuno che ne fosse capace, di usare quelle forze in essa esistente. Ma la forza colla quale si reggeva la società, continuando ad essere la prepotenza privata, ne risultò che, dove questa assumeva la forma di violenza, la riforma avesse per effetto solamente di aprir la via ad un maggior numero di persone»[63]. Dove invece presupposto del libero conflitto di interessi e della competizione economica fu l'eliminazione, tramite lo Stato, del *medium* privato della violenza, si produssero, o trovarono accelerazione, strategie di razionalizzazione per il conseguimento di nuovi risultati acquisitivi, rispetto a cui l'uso della forza risultava impossibile. E poiché in Sicilia l'affermarsi dell'*homo oeconomicus* comportò la riproduzione dei rapporti di natura come competizione violenta, per cui il dominio personale rimase il mezzo adeguato di appropriazione[64], allora qui

---

[63] L. FRANCHETTI, *Le condizioni politiche e amministrative*, in L. FRANCHETTI/S. SONNINO, *Inchiesta in Sicilia*, cit., vol. I, p. 94.

[64] «In forma naturale, diretta, personale avvengono nella maggior parte dei casi i rari scambi produttivi; e così pure i rapporti di sfruttamento comportano per la loro stessa evidenza e immediatezza (rendita in natura) un rapporto di dipendenza personale dello sfruttato, garantito attraverso la gerarchia dei soprastanti e dei campieri.

Le relazioni sociali ci si presentano così, in Sicilia, come relazioni di indole essenzialmente *gerarchica*, o, più generalmente, *personale*: rapporti di dipendenza e di 'fedeltà', rapporti di solidarietà e di *colleganza*, di *omertà*. La *violenza* diretta ha ancora, in questi rapporti sociali, una parte assai importante e per lungo tempo ancora gli ordinamenti legali del nuovo Regno d'Italia, che rispondono ad una diversa struttura

doveva risultare bloccato l'innesto di procedure razionali come mezzo ottimale per il successo economico.

Non vi è nulla che sia meno scontato di questa razionalizzazione dell'economia in una sfera a sé stante, in cui sono consentiti soltanto comportamenti ad essa conformi. Al contrario, l'uso della violenza e della costrizione personale è stato da sempre il modo, „improprio" da un punto di vista razionale, anche se non meno efficace dal punto di vista singolo, per appropriarsi di beni economici ed addirittura per la gestione stessa dell'attività economica[65]. Il fatto che una dimensione dell'economia come spazio sociale in cui il medium della violenza si trova espunto abbia potuto costituirsi, dimostra, ancora una volta, data l'eccezionalità con cui un evento di tal genere si è prodotto, il carattere di improbabilità del processo di modernizzazione anche dove tuttavia esso si è attuato efficacemente. Norbert Elias, ad esempio, ci ricorda come, «quando parliamo di 'economia' nello stesso tempo ci sembra anche ovvio che la produzione e soprattutto l'acquisto di beni di produzione e di consumo avvenga in modo normale, senza minacce e senza l'impiego di una coercizione fisica o militare. Ma non vi è nulla di meno ovvio. In tutte le società di guerrieri fondate sull'economia naturale - e non soltanto in esse - la spada è un mezzo naturale e indispensabile per acquistare mezzi di produzione e la minaccia della violenza è un mezzo indispensabile per la produzione. Soltanto allorché la divisione delle funzioni è alquanto progredita, soltanto quando a seguito di lunghe lotte è stata creata un'amministrazione specializzata del monopolio della forza fisica» (soltanto quando, per dirla con le nostre parole, si sono realizzate le condizioni hobbesiane secondo cui vige il potere sovrano di una persona pubblica che garantisca del carattere disarmato delle relazioni conflittuali nell'ambito della società), «soltanto allora la concorrenza per i beni di consumo e di produzione può essere esercitata escludendo sempre più l'impiego dei mezzi di costrizione fisica. Soltanto allora può

---

sociale, resteranno quasi assolutamente privi di validità ed efficacia in Sicilia» (E. SERENI, *Il capitalismo nelle campagne*, cit., pp. 159-160).

[65] Sulla forma premoderna di conduzione economica, e sul tipo della sua autocomprensione, al di là degli aspetti specifici di cui qui si fa riferimento, si veda il saggio contenuto in O. BRUNNER, *Neue Wege der Verfassungs- und Sozialgeschichte*, Vandenoeck & Ruprecht, Göttingen, 1968, 2a. ed. ampl; trad. it., «La 'casa come complesso' e l'antica 'economica' europea», in ID., *Per una nuova storia costituzionale e sociale*, Vita e Pensiero, Milano, 1970.

realmente esistere nel vero senso del termine, quella che noi chiamiamo 'economia', e parimenti quel genere di lotta che chiamiamo 'concorrenza'»[66].

In sostanza, in Sicilia è venuto a trovarsi ostruito il passaggio al costituirsi dell'economia come sfera autonoma, al cui interno soltanto è possibile l'adozione di strategie che le sono intrinsecamente e formalmente adeguate. In un quadro in cui non è consentito l'uso della forza e l'esercizio del dominio personale - poiché ogni potere sui corpi viene ceduto ad un'unica autorità sovrana -, la logica economica, vale a dire la combinazione ottimale dei fattori produttivi in vista dei migliori risultati ottenibili, la razionalizzazione dunque dell'economia in quanto agire razionale di scopo formalmente orientato ad obiettivi che non esulano dal suo campo specifico, diventano l'unico modo possibile di operare per chi si propone finalità di guadagno.

Ma l'accantonamento delle forme di dominio e della costrizione fisica dalla sfera economica, l'impegno a razionalizzare i processi produttivi secondo procedure sempre più adeguate e tecnicamente efficienti in vista di guadagni sempre maggiori, richiedono inoltre fin dall'inizio la presenza, nei soggetti così impegnati a ridefinirsi dentro il nuovo orizzonte dell'economia, di uno specifico *ethos* che li indirizzi ad operare con spirito confacente al nuovo orizzonte produttivistico, orientando i loro comportamenti, le loro energie, le loro intelligenze, verso quelle strategie di appropriazione e di successo economico grazie a cui, scartato il medium della violenza, si faccia, con singolare inversione, di virtù necessità. Non è possibile infatti alcuna razionalizzazione dell'agire economico se non come un risultato di un modello di valore basato sull'etica della laboriosità[67], che non è tanto la disponibilità a

---

66 N. ELIAS, *Potere e civiltà*, cit., pp. 200-201 (cors. nostro). La lunga citazione ora riportata si rivela, come si vede, estremamente pertinente con il tipo di argomentazione che qui stiamo portando avanti. Ciò però non implica che si facciano proprie *in toto* le tesi di Elias sul processo di civilizzazione, le quali del resto oggi risultano aperte al dibattito critico. Si veda a tal proposito S. BREUER, «Les dénouements de la civilisation: Elias et la modernité», *Revue internationale de sciences sociales*, 128, Mai 1991.

67 Lo stesso Adam Smith, il fondatore dell'economia come scienza (e dunque in senso weberiano come sfera di vita „eticamente indifferente"), pone però come presupposto dell'agire economico razionale un orientamento di valore fortemente connotato in senso etico: «È la parsimonia - egli scrive - e non l'industria», vale a dire è da ricercare nella sfera morale e non già bell'e fatta in quella strettamente economica, «la causa diretta dell'aumento del capitale. L'industria può fornire l'oggetto che la parsimonia accumula.

stremarsi nel lavoro, quanto la dedizione all'opera del giorno con attività metodica, continuativa, organizzata, razionale, sia nelle forme sia quanto alle mete acquisitive da raggiungere. Ed è proprio questo orientamento alla razionalizzazione nelle pratiche economiche, come conseguenza dell'imporsi di un *ethos* della laboriosità, che la Sicilia non ha conosciuto, e per la cui mancanza essa deve scontare quell'irretirsi della modernizzazione su se stessa, che ha reso inoperanti gli stimoli al „progresso" trasformandoli in fattori di disgregazione.

Ma l'assenza della virtù della laboriosità, dell'*ethos* che attorno ad essa si costituisce e da cui proviene, non va scambiata con la generica indisponibilità al lavoro che si crede di riscontrare come caratteristica soprattutto delle popolazioni meridionali, oppure con la scioperataggine di una classe lavoratrice poco incline a quella disciplina e a quella diligenza che il suo compito richiederebbe[68]. Proprio l'attiva a laboriosa Inghilterra su questo non ha nulla da insegnare, ed anzi mostra abitudini e comportamenti di vita tra i lavoratori che andavano in senso completamento opposto a quello richiesto dalle esigenze della industrializzazione poi impostesi. È noto infatti, grazie agli studi di E. P. Thompson, come la tendenza all'ozio e all'evasione dalle continue costrizioni del lavoro abbiano caratterizzato i lavoratori inglesi non meno di altri. E d'altronde, come la stessa storia inglese sta a dimostrare, la renitenza al lavoro dei ceti subalterni viene stroncata ove il pungolo del bisogno e la costrizione sociale e legislativa vengano ad opporsi, correggendo la naturale tendenza umana se non all'ozio, di certo ad un lavoro discontinuo nella durata e nell'intensità. Il caso inglese è quello di

---

Ma per quanto l'industria possa acquisire, se la parsimonia non risparmiasse e non accumulasse, il capitale non potrebbe mai aumentare» (A. SMITH, *An Inquiry into the Nature and Cause of the Wealth of Nations* [1776]; trad. it., *La ricchezza delle nazioni*, Utet, Torino, 1987, p. 459).

[68] La renitenza al lavoro è d'altronde insita nell'uomo. «La storia della civiltà insegna come l'uomo di natura fosse dapprima *estraneo* rispetto al lavoro, come egli, nei tempi più antichi della storia dei popoli vi si sia sottomesso soltanto sotto la più dura costrizione (schiavitù, servitù della gleba). Werner Sombart ha mostrato in maniera penetrante in quale misura inaudita, ancora verso la fine del XVIII secolo, grandi masse preferissero una vita da vagabondi anche rispetto ad un lavoro ben pagato» (M. SCHELER, *Arbeit und Weltanschauung* [1920], in ID., *Gesammelte Werke*, vol. 6, Francke, Bern, 1955; trad. it., *Lavoro e Weltanschauung*, in ID., *Lo spirito del capitalismo*, Guida, Napoli, 1988, p. 225. Per il riferimento a SOMBART, si veda *Der moderne Kapitalismus*, 2a. ed., München-Leipzig, 1918; trad. it. parz., *Il moderno capitalismo*, UTET, Torino, 1967).

una popolazione lavoratrice che non spiccava particolarmente per la sua passione verso il lavoro, costretta però da una classe media, dominata da una forte vocazione professionale e da un forte spirito d'impresa, a piegarsi alle forme inusitate del lavoro di fabbrica con cui si avviò la rivoluzione economica moderna - lavoro attento, continuo, preciso, in interazione con la macchina, ai cui dispositivi bisogna sottostare, e dunque decisamente in urto con la costituzione naturale dell'uomo, o quanto meno con la sua propensione più immediata[69].

Per affermarsi, l'*ethos* del lavoro, che è divenuto il principale fattore disciplinante del mondo moderno, ha dovuto passar sopra le abitudini inveterate che riducevano enormemente lo spazio e l'importanza del lavoro. Bisognava sconfiggere infatti l'andamento disordinato con cui si conduceva l'attività lavorativa, minata al suo interno dalla rilassatezza e dalla nostalgia per le numerose occasioni di festa e di vita comunitaria di cui la società tradizionale era prodiga[70]. E da questo punto di vista, la stessa meccanizzazione del lavoro, prima ancora che salutata per i suoi vantaggi economici, viene invece stimata per gli effetti di moralizzazione che essa comporta, in quanto l'introduzione delle macchine appare come il mezzo adeguato per costringere gli operai «a lavorare in modo regolare e continuativo»[71].

Le classi lavoratrici inglesi ad un certo punto si trovarono davanti all'alternativa tra il consegnarsi al sistema del sussidio per i poveri (i cui esiti disastrosi per il loro spirito e la loro dignità umana sono stati descritti da Karl Polanyi[72]), oppure ad una gravosa disciplina del lavoro, sotto il pungolo di quelle classi medie che si davano ad una organizzazione efficiente della vita economica, e per le quali (in base all'*habitus* produttivistico con cui esse si definivano) il tempo diveniva ora una risorsa da spendere oculatamente in vista degli scopi produttivi e di guadagno sempre più elevati che bisognava proporsi. Contro le

---

[69] E. P. THOMPSON, *Folklore, Anthropology and Social History*, Noyce, Brighton, 1979; trad. it., *Società patrizia, cultura plebea*, Einaudi, Torino, 1981, p. 18 («Tempo, disciplina del lavoro e capitalismo industriale»).

[70] P. LASLET, *The World we have lost*, Methuen, London, 1971; trad. it., *Il mondo che abbiamo perduto*, Jaca Book, Milano, 1979.

[71] E. P. TOMPSON, «Tempo, disciplina del lavoro e capitalismo industriale», in ID., *Società patrizia, cultura plebea*, cit., p. 22.

[72] K. POLANYI, *The Great Transformation*, Holt, Rinehart & Winston, New York, 1944; trad. it., *La grande trasformazione*, Einaudi, Torino, 1974.

abitudini dispendiose nell'uso del tempo, e dunque anti-economiche, che caratterizzava il proletariato e le classi lavoratrici in età pre-industriale e ancora alle sue soglie, fu sferrato, dapprima in Inghilterra, un attacco portentoso da cui doveva conseguire il trionfo della disciplina del lavoro come fattore ordinante, e quindi moralizzatore, della vita. Sebbene del tutto alieno dalla loro natura, le classi lavoratrici inglesi furono ben presto piegate al criterio efficientistico nell'uso del tempo, e con esse venne uniformata la società intera secondo questa veduta. La propensione al lavoro, nella misura e con l'intensità riscontrabili nella società moderna, è dunque un esito, raggiunto al prezzo di non poche fatiche e non senza resistenze notevoli, dell'azione di sfondamento condotta dalle classi medie laboriose per l'affermazione del loro credo economicistico. È solo alla metà del XIX secolo, dopo almeno due secoli di predicazioni e di disposizioni contro l'oziosità e lo spreco del tempo in uso presso l'operaio inglese, non meno che in altri, che questi comincia già a distinguersi ad esempio dal suo collega irlandese «non per una maggiore capacitò ad affrontare il lavoro pesante, ma per la sua regolarità, il suo impegno metodico di energie e forse anche per la repressione, non dei divertimenti, ma della capacità di rilassarsi nelle antiche e disinibite maniere[73].

Queste „qualità", dunque, che caratterizzano il moderno operaio di fabbrica, ma più in generale oggi lo stesso lavoratore dei servizi, non possono considerarsi il frutto di una dotazione spontanea né di una dinamica interna alle stesse classi dei lavoratori, ma sono viceversa il portato di un *ethos* a loro originariamente estraneo.

Il rilievo assunto da un orientamento al lavoro fortemente sentito e coinvolgente l'intera persona, la sua ricaduta in termini di costituzione sociale, ora scandita e strutturata intorno all'opera incessante e regolare dell'impegno produttivo, non riguardano dunque tanto la disponibilità o meno mostrata dalle classi che dal lavoro traggono il soddisfacimento dei bisogni fondamentali, da quelle classi cioè per le quali il lavoro è un mezzo per le necessità di vita e la cui esistenza sociale umana è determinata unicamente dal compito lavorativo cui sono adibiti. Decisivo è invece l'orientamento al lavoro di cui si fanno carico le classi medie, la borghesia, come un portato specifico delle loro esigenze spirituali e morali, oltre che di prestigio e di affermazione sociale. La classe media,

---

[73] E. P. TOMPSON, «Tempo, disciplina del lavoro e capitalismo industriale», cit., p. 39.

costituitasi attorno all'*ethos* della laboriosità, è la classe economica per eccellenza, quella cioè che porta ad effetto, originariamente a partire da un dato orientamento di valori, l'autonomia della sfera economica. Dove un tempo tutta quanta la produzione era destinata al consumo, nei due poli estremi dell'autosussistenza contadina e del dispendio signorile, ora invece la classe media introduce la nuova veduta per cui l'impiego di denaro, lungi dal proporsi ancora soltanto come mero consumo, può invece assumere la funzione di risorsa per essere impegnata verso finalità produttive[74]. Intorno a questa idea di una razionalizzazione dell'agire economico, si definisce la formazione della classe media, la cui natura sociale è dominata essenzialmente da una visione economicistica, e per cui il comportamento economico diventa parametro dell'intera condotta razionale di vita.

Come abbiamo visto, dunque, prima di affermarsi, l'ideologia della borghesia ha trovato due formidabili avversari nell'orientamento tradizionalistico, essenzialmente alieno dalla logica dell'agire economico, proprio delle classi estreme della gerarchia sociale: quelle al vertice, che per il tipo di comportamento economico possiamo chiamare «classi dispendiose» (prendendo a prestito qualcosa dell'idea di *dépense* formulata da Bataille, e comunque usufruendo di un tipo di denominazione che ha il vantaggio di accomunare, per come è di fatto, l'aristocrazia e il clero[75]); e quella al basso della scala sociale, siano essi

---

[74] Di questa trasformazione nel modo di considerare la ricchezza ricavata e posseduta, dapprima come mezzo per il consumo e poi come risorsa produttiva, A. Smith è stato teorico e testimone significativo. Posto che una stessa somma di denaro può essere spesa per prodotti e servizi che si esauriscono nel loro uso, oppure come mezzo di scambio o di investimento per ricavarne uguale o maggiore valore, egli ci presenta i diversi orientamenti di spesa praticati nelle classe produttive o in quelle dedite al consumo. «Un commerciante - egli scrive - è abituato a impiegare il suo denaro soprattutto in iniziative vantaggiose; mentre un vero gentiluomo di campagna è abituato a impiegarlo soprattutto in spese. Il primo vede spesso il denaro ritornargli con profitto; il secondo raramente spera di vedersene ritornare una volta che l'ha speso» (A. SMITH, *La ricchezza delle nazioni*, cit., p. 536-537). Da qui il disprezzo per il comportamento economico dei grandi proprietari, i quali, sempre in cerca di consumi di puro dispendio, «per ninnoli e gingilli nei capricci dell'abbondanza, più adatti al trastullo dei bambini che alle serie occupazioni di uomini», si lasciarono soppiantare dal dinamismo produttivo e oculato delle nuove classi economiche, alle cui vedute dovettero infine soggiacere: «essi divennero infine insignificanti come qualsiasi ricco borghese o commerciante di una città» (*ibid.*, p. 544).

[75] La costruzione di palazzi e castelli non obbedisce forse alla stessa logica di fondo della costruzione di cattedrali? Sulla nozione di *dépense* si veda G. BATAILLE, *La part*

contadini, legati ai riti della terra e della società agraria, o già lavoratori inurbati, i quali dapprima mostrano forse una ancora più accanita resistenza ed estraneità nei confronti dell'*ethos* produttivistico. In entrambi i poli della gerarchia sociale tempo e denaro non sono ancora neppure avvertiti come risorse: del primo si fa un uso così prodigale per cui si può dire che di esso non si ha alcun senso di misura (proprio perché non ci si propone affatto di risparmiare tempo, ecco che allora se ne ha sempre più che a sufficienza), e si vive nel tempo con la stessa inavvertita noncuranza con cui si respira, allo stesso modo cioè con cui nessuno (almeno allora) si sarebbe sognato di credere che l'aria fosse un bene da usare con oculatezza; il secondo (cioè il denaro) si accumula di per se stesso, per le sicurezze che esso dà, oppure è un mezzo di prestigio e splendore, od anche un semplice intermediario per la soddisfazione dei bisogni immediati. È contro queste vedute del tutto anti-economicistiche che le nuove classi medie puntarono le loro batterie d'assalto, e si lanciarono all'offensiva per il trionfo del loro credo produttivistico[76]. Mentre le classi lavoratrici dovettero essere piegate alla disciplina del lavoro di fabbrica, le classi dispendiose furono costrette o semplicemente ad estinguersi, oppure ad adeguarsi alla nuova mentalità economica (il che comportava comunque la loro scomparsa in quanto tali).

Ora, mentre l'emergere della classe media come classe laboriosa è un fenomeno riguardante le aree di civilizzazione riuscita dell'Europa, l'esautoramento delle classi signorili di consumo è un fenomeno riscontrabile anche nelle aree periferiche, le quali non poterono sfuggire agli effetti disgregativi operati dalla modernizzazione sulle antiche strutture feudali. Ciò che emerge dappertutto è l'incapacità della „classe dispendiosa" a sopravvivere di fronte alla nuova valorizzazione che investe il campo dell'attività economica. Poiché essa si rivela restia a

---

maudite, Les éditions de Minuit, Paris, 1967; trad. it., *La parte maledetta*, Bollati-Boringhieri, Torino, 1992.

[76] A. Smith tacciò il prodigo come «nemico pubblico» ed eresse l'uomo frugale a «benefattore» della società (A. SMITH, *La ricchezza delle nazioni*, cit., p. 463). Mentre colui che, invece di dilapidare il suo reddito in consumi oziosi, mantiene un certo numero di lavoratori in un'impresa produttiva è addirittura posto sullo stesso piedistallo del «fondatore di un'opera pia» (*ibid.*, p. 460), nello stesso tempo, perfino l'egoismo, purché indirizzato ad accrescere la ricchezza prodotta, viene ad essere apprezzato più di qualsiasi virtù dell'uomo prodigo. Infatti, «lo sforzo regolare, costante e continuo di ogni individuo per migliorare la propria condizione, [è il] principio da cui deriva l'opulenza sia pubblica e nazionale che privata» (*ibid.*, p. 465).

calarsi dentro l'orizzonte produttivistico imposto dalle classi medie, ancor più le deve riuscire difficile, quando non impossibile, porsene alla guida. Una conversione di tal genere, infatti, a parte ogni altra considerazione relativa all'*ethos* indispensabile perché venisse compiuta, si trovava a cozzare contro la comprensione di sé che i nobili avevano in merito alla propria dignità sociale. «Per guadagnare denaro mediante un'attività commerciale, i nobili avrebbero dovuto abdicare al loro rango [...]. Proprio questa loro distanza dalla borghesia, questo loro specifico carattere, questa loro appartenenza allo strato più elevato del paese erano però gli elementi che, per la loro sensibilità, davano un significato e un indirizzo alla loro vita. Pertanto, il desiderio di conservare il proprio prestigio legato al rango, il bisogno di 'distinguersi' prevalevano si gran lunga, come motivazione del loro agire, sul desiderio di accumulare ricchezze e denaro»[77]. Da questo lato, quindi, anche considerate le caratteristiche dell'aristocrazia siciliana, cui abbiamo prima accennato, non era proprio pensabile che dalla stessa vecchia feudalità isolana ci si potesse aspettare che sorgessero i soggetti dinamici della modernizzazione economica, ed al contrario appare del tutto naturale che pian piano ne fossero travolti, per quanto sul piano politico e sociale cercassero di attutirne l'impatto. Il punto è però che, anche coloro che avrebbero dovuto esserne gli alfieri naturali, vale a dire le classi medie costitutivamente dedite alle logiche dell'accumulazione e del profitto, si mantennero in Sicilia ben distanti dall'assumere un comportamento improntato alla vocazione produttivistica e alle virtù della laboriosità[78]. Il loro orizzonte di valori rimase troppo al di qua di quello richiesto, perché dalla loro egoistica sete di guadagni e di ricchezze ne sortissero, come pure accadeva altrove, effetti positivi di civilizzazione.

---

[77] N. ELIAS, *Potere e civiltà*, cit., pp. 347-348. D'altronde, ancora, tanto l'orientamento economico riveste, in queste classi, un ruolo secondario che, perfino coloro i quali sono spinti per malvagità dei tempi a darsi all'esercizio di qualche attività economica, questa non viene mai intrapresa costretti «dalla semplice necessità di sfuggire alla fame, ma dal desiderio di garantirsi un determinato *standard* di vita e un prestigio elevati e conformi alla loro posizione sociale» (*ibid.*, p. 349).

[78] L'abolizione della feudalità «non significò affatto apertura ai modi di produzione capitalistici, neppure in caso di trasferimento del bene dalle mani dell'ex feudatario in quelle di un acquirente borghese, che non si trasformò in imprenditore e continuò a gestirlo come se nulla fosse cambiato» (O. CANCILA, *L'economia della Sicilia*, cit., p. 211).

5. La declinazione siciliana del nuovo spirito economico europeo: il borghese nei panni del gabellotto

Non già, allora, che in Sicilia sia venuta a mancare questa nuova figura sociale, dinamica, intraprendente, disposta ad arrischiare un capitale in vista dei suoi scopi di profitto, pronta ad occupare le funzioni di direzione dell'azienda agricola lasciate vacanti dai proprietari e desiderosa di affermarsi socialmente attraverso il successo economico. Di fronte al rifiuto e all'incapacità dell'aristocrazia siciliana ad assumere funzioni produttive, a ridefinirsi con le caratteristiche necessarie per la direzione d'impresa, di fronte alla sua ostinata volontà di rimanere una classe esclusivamente di mero consumo, tale da rendersi totalmente indisponibile all'idea che «il lavoro e non l'ozio è la fonte di ogni dignità» (ciò che avrebbe comportato l'abbandono di quella «stolta vita» da sfaccendati, da cui ne deriva «abbrutimento fisico e morale», per applicarsi all'amministrazione diretta dei propri beni, mutandosi in una classe di individui utili alla società[79]), ecco finalmente emergere gli alfieri della modernizzazione siciliana, gli imprenditori capitalisti orientati al profitto, quel tipo di categoria sociale, che, almeno a prima vista, contemporaneamente era alla guida della trasformazione borghese dell'Europa. Questa figura qui si presenta nei panni del gabellotto, del grande affittuario dei fondi signorili, di colui al quale quindi la terra, spogliata di tutti i suoi elementi simbolici e di prestigio, dovrebbe apparire un nudo mezzo di produzione, ed egli stesso, lungi dal perseguire scopi di profitto per mere esigenze di consumo o di lustro, dovrebbe invece farsi portatore di una mentalità che vede nell'accrescimento dei beni economici uno scopo in sé. Ma in realtà, se la figura del gabellotto corrisponde effettivamente a quella di un capitalista, essa però si definisce con tratti del tutto peculiari, che ne marcano la distanza rispetto ai caratteri e alle funzioni assunte dall'imprenditore moderno.

È dal bisogno dei ceti aristocratici di procurarsi denaro per accedere ai beni di mercato da cui erano divenuti dipendenti che sorse il gabellotto, il quale, dietro pagamento anticipato, prendeva in affitto un fondo signorile. È ben vero che in questo modo egli si assume la direzione dell'impresa agricola, ma il suo non è un investimento sulla

---

[79] S. SONNINO, *I contadini in Sicilia*, cit., p. 145.

terra come fattore produttivo, quanto piuttosto un anticipo di capitale che si avrà poi modo di veder rientrare, interessi compresi, con l'appropriazione dei prodotti della terra. Si tratta dunque di una forma *sui generis* di prestito ad usura che pesa da un lato sui proprietari del fondo, i quali vengono a perdere una quota della loro rendita quale essa risulterebbe nel caso la direzione agricola fosse rimasta nelle loro mani; dall'altro grava ancor più sui contadini, dal cui lavoro, in intensità ed estensione, nel quadro di un livello estremamente primitivo dei mezzi tecnici di produzione, dipende l'ammontare del reddito complessivo[80]. Se è vero perciò che i gabellotti si assumono la guida della conduzione agricola, peraltro essi si astengono da ogni vera e propria condotta imprenditoriale. Nulla cambia nella direzione dell'impresa agricola, se non per un maggiore gravame ai danni dei contadini, e neppure essa si trasforma in una vera azienda moderna. Né sorge un vero e genuino spirito economico teso a far proprio il principio del massimo risultato col minor impiego possibile di mezzi, né si fa avanti una vera propensione al calcolo e a forme di razionalizzazione economica, né trova varco un nuovo atteggiamento di disposizione tecnica della natura che sostituisca al lavoro vivo (sfruttamento sul lavoro e tramite il lavoro diretto) l'utilizzazione di strumenti e procedimenti meccanici. Ma quale rivoluzione nella comprensione di sé, del mondo, dei propri simili, delle relazioni sociali, implicava un tale cambiamento! Il nuovo capitalista invece qui, perfino di fronte al rischio di investimento, peraltro non elevato, dato che egli, con i contratti capestro che usava nei confronti dei contadini subaffittuari, si garantiva dall'esito buono o cattivo del raccolto, mantiene così costante o in aumento la sua quota di prodotto rispetto a quella spettante alla remunerazione del lavoro[81].

Il gabellotto si assume un ruolo di cui l'aristocratico né vuole né può più prendersi carico: la direzione organizzativa della produzione agricola. Con ciò egli non mira ad altro che ad assicurarsi il percepimento del

---

[80] «Il profitto del gabellotto appare ancora essenzialmente come un *profitto usurario*. Il gabellotto lo realizza spingendo, da un lato, all'estremo limite lo sfruttamento dei contadini *nelle consuete forme semifeudali*, dall'altro approfittando dell'assenteismo del proprietario fondiario per diminuire la parte a lui spettante della rendita corrisposta dai contadini» (E. SERENI, *Il capitalismo nelle campagne*, cit., cit., p. 158).

[81] E tuttavia, «la gestione capitalistica di un'azienda latifondistica, malgrado i costi non eccessivi della manodopera, [era] scarsamente redditizia» (O. CANCILA, *L'economia della Sicilia*, cit., p. 214).

margine di guadagno consentitogli, approfittando della vacanza del signore proprietario, e cercando con ogni mezzo, ad eccezione di quelli propri di una logica strettamente economica basata su fattori principalmente tecnici, di estenderlo sempre più. Così, indipendentemente dagli altri ostacoli che impediscono l'assunzione di un pieno ruolo imprenditoriale, e dunque la trasformazione dell'investimento finanziario in investimento produttivo, con la creazione di una vera e propria azienda moderna, la figura del gabellotto si colloca insuperabilmente dentro un'orbita di valori e di orientamenti culturali che, pur segnando una rottura con l'*ethos* edonistico della vecchia aristocrazia, sono ben lungi dall'introdurre una nuova morale economica di segno produttivistico. Se pure le pretese economiche di questo nuovo gruppo sociale in ascesa sono ora accresciute, esse cercano però la strada della soddisfazione gravando maggiormente sul lavoro e sulla fatica dei contadini, che si trovano ora del tutto indifesi davanti alla cruda ricerca di profitto perseguita con implacabile rapacità. L'emergere del gabellotto quindi non comporta l'affermazione di una nuova classe produttiva antagonista, nella funzione e negli orientamenti di valore, alla „classe di consumo" aristocratica, bensì rappresenta soltanto il dinamizzarsi di una classe di uomini che si propone di accedere alle risorse e ai poteri che l'aristocrazia non è più in grado di gestire.

Questa „borghesia" siciliana[82], dunque, non fa che occupare gli spazi vuoti lasciati aperti dall'aristocrazia, senza però mutarne natura e funzioni. Il totale progressivo esautoramento dell'aristocrazia ha però avuto anche l'effetto di lasciare sguarniti spazi d'ordine e di regolazione sociale che incanalavano e strutturavano le dinamiche economiche e politiche. L'aristocrazia si ritira da aree sociali un tempo da essa controllate, lasciandole come terra di nessuno. È qui che trova luogo la

---

[82] C'è consenso pressoché unanime tra gli studiosi nel considerare il gabellotto come la figura più significativa di ceto medio „borghese" apparso in Sicilia (Sereni ne fa addirittura «quasi l'unico rappresentante» - si veda E. SERENI, *Il capitalismo nelle campagne*, cit., p. 156). Per noi si tratta addirittura della sua forma specifica di apparizione, in qualche modo paradigmatica per la comprensione del tipo di processo di modernizzazione che ha avuto luogo nell'isola. Si tratta di un percorso che mima dinamiche strutturali attuatesi nelle aree forti della grande trasformazione economico-sociale, ma che se ne discosta nelle forme e negli esiti. Del resto ciò conferma come un tipo di borghesia come quella prodottasi in Europa occidentale tra il XVIII e il XX secolo avrebbe potuto difficilmente ripresentarsi altrove con le stesse caratteristiche e gli stessi risultati.

possibilità d'avvio di una competizione di tipo hobbesiano, la riproduzione cioè di una „stato di natura" non garantito da un organismo politico; è qui che l'universo sociale diventa l'arena del nudo rapporto di forza tra individui e clan, da cui è pur vero che alla fine si viene a ristabilire un nuovo quadro d'ordine, ma di tipo ben diverso dal modello di legalità che intanto il moderno Stato sovrano andava costruendo, in interazione con la sfera della libera economia borghese di mercato. Quello a cui assistiamo infatti è l'emergere di una nuova classe sociale costituita da individui che hanno interesse al permanere della violenza come strumento per l'acquisizione di potere e ricchezza[83]. Così i gabellotti, lungi dall'interpretare la loro funzione in prospettiva imprenditoriale, assumono una condotta ispirata al modello della classe che essi suppliscono, e lungi dal dar vita ad una nuova organizzazione produttiva, dal creare nuovi valori, dall'indicare una nuova costituzione dei rapporti sociali, ribadiscono, ora a proprio favore, quelli già esistenti.

Il gabellotto dunque, questo rappresentante degenere, eppure del tutto conseguente, di quello stesso movimento europeo che altrove aveva prodotto il nuovo stile e il nuovo modello borghese, intende ancora i rapporti economici come rapporti personali di potere, e fa discendere da essi il guadagno ottenuto, e cioè dalla capacità di controllo, di esercizio diretto del comando, di imposizione e di vincoli diretti di subordinazione, piuttosto che dalla combinazione astratta di fattori oggettivi, in cui la prestazione umana è posposta alla mediazione prioritaria della denaro e della tecnica. Con questa mancata spersonalizzazione dei rapporti economici, nel momento in cui questi diventano la forma dominante di rapporto sociale, siamo al cuore del fenomeno mafioso in Sicilia.

Stupisce come Sonnino si sia ingannato del tutto sulla natura e il carattere del grande affittuario siciliano, ed anzi abbia riposto in lui speranze così eccessive. Ma considerata la totale indisponibilità dei grandi proprietari siciliani ad assumere un ruolo produttivo e a sposare il nuovo *ethos* economico, più propensi anzi ad intascarsi sotto forma di rendita ogni forma di ricchezza prodotta, piuttosto che ad investire in miglioramenti nelle campagne[84]; disilluso dagli orientamenti dei piccoli

---

83 Cfr. R. CATANZARO, «Imprenditori della violenza e mediatori sociali», in *Polis*, n. 2, agosto 1987, p. 269.

84 «L'aumento della ricchezza anderà tutto sotto forma di rendita fondiaria nelle tasche dei proprietari, i quali consumeranno le migliori dovizie non in miglioramenti nelle

e medi proprietari, che formavano una borghesia esigua di numero, ma «come dappertutto avida di guadagni e imitatrice della classe aristocratica soltanto nelle stolte vanità e nella smania di prepotenza»[85]; osservato come tendenza dominante nella società siciliana fosse la fuga dalle attività produttive, e l'inclinazione invece, per un po' di capitale che si avesse, a vivere di usura e sullo sfruttamento spietato dei contadini nullatenenti[86], lo studioso toscano fu portato a credere che qualcosa di promettente ci si sarebbe potuto aspettare, in attesa di un intervento correttivo dello Stato italiano, dalla «classe energica e attiva dei gabellotti», reputata come la più dinamica, «la più vigorosa e intelligente»[87]. Ora, Sonnino non è che ignorasse l'importanza determinante della disposizione in base ai valori con cui si assumono le attività produttive e ci si lancia nell'intraprendenza economica, ed anzi ha indubbiamente chiara la differenza che passa tra la sete di guadagno e di arricchimento condotta all'insegna della rapacità, della speculazione e dello sfruttamento propri di avventurieri privi di scrupoli, e quel tipo invece di attività economica, diretta pure all'acquisizione e al profitto, ma condotta secondo forme che implicano ricadute positive in termini di capacità produttive e sul livello generale delle condizioni di vita e di benessere (tratti che compendiamo con il termine civilizzazione). «Il desiderio della ricchezza - egli dice - non è il solo movente delle azioni umane, e per mutate circostanze di un altro ordine lo stesso istinto produttore, che risulta dal libero interesse individuale, può trasformarsi in istinto predatore»[88]. Dunque non si comprende come si possa essere così fiduciosi che questa classe di gabellotti, qui apprezzata per le sue

---

campagne, che possano aumentare il bisogno di braccia, ma gozzovigliando e sciupando in città nuove importazioni di lusso dall'estero» (S. SONNINO, *I contadini in Sicilia*, cit., p. 114).

[85] *Ibid.*, p. 103.

[86] «Basta a chiunque di aver raccolto, *per fas aut nefas*, un gruzzolo di qualche centinaio di lire, per non lavorare più affatto e per vivere nell'ozio e nel vizio esercitando l'usura la più sfrenata sulla classe campagnola» (*ibid.*, p. 107).

[87] *Ibid.*, p. 107 e p. 141.

[88] *Ibid.*, p. 267. In realtà però, posto che, non è l'«istinto produttore» a trovare ordinariamente, e in modo per così dire naturale, motivo di manifestazione, bisognerebbe invertire la sequenza e spiegare per quali circostanze del tutto eccezionali ed insolite, l'«istinto predatore» con cui normalmente si manifesta il desiderio acquisitivo, ha potuto trasformarsi in «istinto produttore», cioè in attività borghese sistematica, razionalmente condotta.

«molte e virili qualità», sostituendosi «a poco a poco agli attuali proprietari», ma con ciò ben attenta a non «perdere le proprie abitudini di iniziativa, di intelligenza e di attività»[89], si sarebbe fatta effettivamente portatrice del nuovo *ethos* economico produttivo, della nuova mentalità borghese che muta il senso dell'agire economico e della proprietà in fattori di servizio aventi carattere funzionale. Lo stesso Sonnino, in palese contraddizione con le sue aspettative, ci mostra di cosa vive il gabellotto, la sua totale indifferenza per una razionale conduzione agraria[90], il danno che ne deriva, dalla sua sola presenza, per l'agricoltura, la ricaduta sociale negativa che egli ha sul progresso materiale delle campagne e sul livello di vita dei contadini. «L'affittuario - scrive l'autore, poco prima di concedergli la sua fiduciosa credenziale - è un semplice industriale che tira ad ottenere il maggior profitto possibile dall'impiego del suo capitale, e a cui nulla importa né della durevole feracità del terreno, né della prosperità dei coltivatori di essi»[91]. E stranamente questo giudizio per nulla lusinghiero si trova inoltre dentro il paragrafo che porta il titolo «danni dei grandi affitti». Purtuttavia, l'abbaglio preso da Sonnino non è privo di una sua logica interna: non è tanto alla figura sociale effettiva, al ruolo in atto svolto dal gabellotto, che egli presta omaggio, quanto al nuovo spirito capitalistico che a questa classe di uomini sembrava necessariamente ascriversi. Non era del tutto errato infatti giudicare che con i gabellotti ci troviamo di fronte a forze vive della trasformazione sociale. Non erano forse essi un portato del nuovo movimento economico-sociale che aveva mutato o stava mutando il volto della società europea? Non era l'unico spezzone di società che si dava a sconvolgere i vecchi assetti di un mondo altrimenti

---

89 *Ibid.*, p. 141.

90 È vero che il latifondo, di per sé, poneva limiti oggettivi insuperabili ad una sua più intensa razionalizzazione produttiva e che quindi sembra non doversi attribuire a fattori soggettivi la sua trasformazione in azienda moderna. Ma è anche vero, d'altra parte, che l'intraprendenza della nuova „borghesia" siciliana si indirizzò allo sfruttamento delle risorse ricavabili dal latifondo. Una tale propensione non può spiegarsi altrimenti che con una certa affinità, di carattere culturale, con questo tipo di struttura produttiva. Diversamente avremmo avuto un ceto borghese orientato verso altri settori più consoni di investimento e di mobilità sociale. Il modello di acquisizione, invece, rimane sempre di impronta latifondistica, riguardo alla sua mentalità di fondo, anche quando si tratta dello sviluppo di forme più di dinamiche di economia agraria (agrumi e vitiviniculture).

91 S. SONNINO, *I contadini in Sicilia*, cit., p. 141.

chiuso e statico? Non erano quelli che più da vicino avrebbero potuto assimilarsi alla classe dei capitalisti europei, i quali avevano creato un'agricoltura produttiva, l'industria e i servizi moderni? Non erano essi della stessa specie di coloro che altrove avevano introdotto la prospettiva di mete economiche sempre più ambiziose, determinando in questo modo straordinari progressi nelle condizioni materiali e spirituali della società nel suo insieme? Era dunque naturale pensare, malgrado la realtà effettiva mostrasse un quadro e risultati divergenti, che anche in Sicilia non sarebbe mancato lo stesso effetto, che anche qui, con la classe dei gabellotti, si sarebbero trovati quegli stessi capitalisti alfieri della modernizzazione trionfante. Ed invece non è stato così (e non poteva esserlo): qui la dinamica economica, l'orientamento al guadagno del ceto dei capitalisti, che pur conquistava come altrove più spazio, non si tradusse nella formazione di una moderna società borghese (almeno in quella configurazione europea che era assurta a modello).

Non basta infatti l'attivazione di un'economia tesa *tout court* al profitto del capitale, e tanto meno quando questo è ottenuto coi mezzi della speculazione o, come qui, nella forma dell'intermediazione parassitaria tra rendita fondiaria e retribuzione del lavoro, perché si produca una dinamica capitalistica di tipo moderno. Anzi, come da sempre sono esistite attività capitalistiche, mentre il tipo sociale borghese è un fenomeno peculiare della recente storia europea, così la mera presenza, anche in posizioni chiave, di ceti intraprendenti sul piano economico, non comporta con ciò semplicemente la formazione di un ordine sociale moderno nei suoi effetti e nei suoi risultati. Determinante è infatti il senso implicato dalle nuove forme di attività economica, per cui la spinta al guadagno e al successo si indirizza e trova ora canale di manifestazione, verso l'ambito d'agire, fin allora disertato, della sfera tecnico-produttiva e dell'impegno professionale.

Non appare pertanto sostenibile la tesi di Catanzaro secondo cui per l'imprenditore si tratterebbe soltanto di sfruttare la congiuntura di mercato, mentre gli sarebbe indifferente la forma in cui egli può realizzare il suo guadagno, sia essa quella del profitto, della rendita, della speculazione commerciale o finanziaria ai danni dello Stato. In quest'ottica, allora, anche nel caso siciliano ci troveremmo di fronte a «veri imprenditori», giacché anche qui il capitalista si comporta con una logica coerente di guadagno. Perché infatti, si chiede Catanzaro, si dovrebbe arrischiare nel profitto d'impresa in senso aziendale o industriale «quando può con poche ambasce garantirsi una rendita sicura e redditizia?»[92]. E se invece, si potrebbe chiedere, proprio questa assenza di spirito nell'arrischiarsi oltre i limiti consentiti da una congiuntura di mercato data, venisse a segnare tutta la distanza che passa tra l'«imprenditore» siciliano e quello che, a differenza di lui, come riconosce lo stesso Catanzaro, è in grado di «promuovere lo sviluppo economico e l'industrializzazione»? D'altronde è impossibile determinare quali siano i vincoli e i limiti posti dal mercato all'ampliamento dell'impresa economica prima che essi vengano messi alla prova. Passa infine una netta demarcazione tra il prevalere dell'atteggiamento rivolto a sfruttare le condizioni date, senza darsi troppa pena per ricercare nuove vie, e quello invece che costitutivamente non trova mai un punto di approdo, ma è di continuo spinto a cercare nuove vie e nuove forme di impiego del capitale. Nella definizione della borghesia imprenditoriale rientra infatti il suo carattere dinamico, il quale, secondo Weber, è dato dal fatto che, originariamente, lo «spirito capitalistico» moderno si formò dalla ricerca del profitto da parte del singolo non allo scopo di utilità e felicità personale, ma per la spinta a trovare un impiego continuativo e costante al proprio capitale. La natura dinamica della borghesia capitalistica, come suo tratto costitutivo, d'altra parte era stata già riconosciuta dallo stesso Marx. «Nel suo dominio di classe, che dura da appena un secolo, - egli scrive - la borghesia ha creato delle forze produttive il cui numero e la cui importanza superano quanto mai avessero fatto tutte insieme le generazioni passate. Soggiogamento delle forze naturali, macchine, applicazione della chimica all'industria e all'agricoltura, navigazione a vapore, ferrovie, telegrafi elettrici, dissodamento di interi continenti, fiumi resi navigabili, intere popolazioni sono quasi per incanto dal suolo - quale dei secoli passati avrebbe mai presentito che tali forze produttive stessero sopite in grembo al lavoro sociale»[93]. Viene da chiedersi come si sarebbe prodotto un fenomeno storico e sociale di questo tipo se si fosse sempre e solo trattato di adeguarsi alle «congiunture di mercato». Non vi è stato in tutto ciò ogni volta una sfida ad oltrepassare le condizioni date?

---

[92] R. CATANZARO (a cura di), *L'imprenditore assistito. Industria, intervento pubblico e cultura imprenditoriale in un sistema marginale*, Il Mulino, Bologna, 1979, p. 356

[93] K. MARX, *Manifest der kommunistischen Partei* [1848], trad. it., *Manifesto del partito comunista*, Editori Riuniti, Roma, 1974, pp. 63-64.

Si può dire quindi che, senza quella peculiare configurazione, in cui l'orientamento acquisitivo si sposa con un determinato orizzonte di valore e un certo orientamento all'azione diretto al successo produttivo e professionale al di là dei limiti presenti, viene a saltare il nesso, per nulla garantito in anticipo, tra capitalismo e civilizzazione. Se si ignora l'importanza di questo nesso allora vengono a mancare le premesse necessarie per la comprensione dell'anomalia siciliana e meridionale in generale[94]. Con ciò si tende infatti ad ignorare che il problema non è quello della presenza o meno di dinamiche capitalistiche nel Mezzogiorno nell'epoca della grande trasformazione europea (cosa che nessuno si sognerebbe di negare), ma principalmente quello della loro portata, della loro natura e degli effetti prodotti[95]. L'osservazione secondo cui se nel Mezzogiorno «i vizi privati non si traducono in pubbliche virtù» non è «perché quei „vizi privati" appartengono a dimensioni culturali radicalmente diverse da quelle rintracciabili nelle zone leader dello sviluppo»[96], si trova in palese contraddizione con l'assunto dello stesso autore, quando riconosce che forme di comportamento ugualmente razionali dal punto di vista procedurale abbiano sortito esiti differenti dal punto di vista della «razionalità collettiva»[97] - il che, ammesso e non concesso che di questo si tratti, non dovrebbe considerarsi una novità, se già con la formulazione del „dilemma del prigioniero" si era mostrato come «l'applicazione dei principi della razionalità individuale non è sufficiente a garantire la razionalità collettiva»[98] . Ne deriva che deve essere stato determinante allora, in questa disparità, proprio la distanza negli orientamenti di valore perseguiti (non necessariamente etici, ma anche soltanto economici, in

---

[94] È quel che succede nel recente approccio storiografico di impianto neo-economicistico, che pure cerca di rovesciare i termini della vecchia questione meridionale, quale è rappresentato da P. BEVILACQUA (di cui si veda il suo *Breve storia dell'Italia meridionale dall'Ottocento ad oggi*, Donzelli, Roma, 1993) e dalla rivista *Meridiana*.

[95] Problematica, comunque, che è ancora abbastanza presente, anche se non pienamente esplicitata, nel libro di P. MACRY, *Ottocento. Famiglia, élites e patrimoni a Napoli*, Einaudi, Torino, 1988.

[96] Mi riferisco ad A. M. BANTI, «Gli imprenditori meridionali: razionalità e contesto», in *Meridiana. Rivista di Storia e Scienze Sociali*, n. 6, maggio 1989, p. 85

[97] *Ibid.*, p. 84.

[98] Vedi R. BRUNETTA, *Sud. Alcune idee perché il Mezzogiorno non resti com'è*, cit., p. 73.

56

riferimento cioè all'ideologia del produttivismo). L'errore fondamentale di Banti consiste nel credere che le «configurazioni culturali» abbiano valenza extra-economica, come se lo stesso comportamento economico non si situi già dentro un orizzonte culturale, non sia anzi esso stesso una pratica secondo determinati valori che gli sono impliciti. In questo modo egli può presumere che «l'assenza di esperienze imprenditoriali „canoniche" [ma l'agire capitalistico moderno presuppone proprio determinati comportamenti „canonici", altrimenti non è più tale, *ndr*] che si registra nell'area meridionale» non sia da attribuire ad uno specifico orientamento culturale differente rispetto a quello che domina nei paesi dello sviluppo [99], come se proprio una tale mancanza non dia luogo già ad una specifica configurazione culturale. Da qui, secondo la tipica veduta che assume come ipostasi *l'homo oeconomicus*, l'idea che a condizionare i comportamenti imprenditoriali siano «i vincoli ambientali», come se il carattere proprio dell'imprenditore moderno fosse frutto di fattori oggettivi che automaticamente ne stabiliscono il sorgere, e non dipendesse invece anche, quando non soprattutto, «dalla capacità e dalla disposizione degli uomini ad adottare certi tipi di condotta pratica razionale» attraverso cui si disegna un preciso *ethos* del comportamento economico[100]. Gli stessi criteri soggettivi di condotta, d'altronde, come ancora diremo, possono acquisire valenza di costrizioni oggettive che si impongono sulle intenzionalità individuali incanalandone il corso, e dunque possono anch'essi costituire dei «vincoli ambientali».

D'altronde, il modello di razionalità dell'agire di mercato deve riferirsi necessariamente alle forme di logica collettiva dell'agire sociale, e non può essere ridotto semplicemente al criterio di convenienza del singolo o di un gruppo di operatori economici, perché in tal caso anche il guadagno speculativo o parassitario, purché anch'esso orientato esclusivamente al mercato, finirebbe per apparire proceduralmente corretto. „Irrazionale", dal punto di vista economico, è tutto ciò che non appare conforme ai suoi criteri intrinseci: ma non c'è nulla che abbia più

---

[99] A. M. BANTI, *art. cit.*, p. 85.

[100] M. WEBER, *Die protestantische Ethik und der Geist des Kapitalismus* [1905-1906], in ID., *Gesammelte Aufsätze zur Religionssoziologie*, I. C. B. Mohr, Tübingen, 1922; trad. it., *L'etica protestante e lo spirito del capitalismo*, Sansoni, Firenze, 1984[5], p. 77 (leggermente modificata, cors. nostro).

a che fare con l'economia quanto l'agire in vista di un guadagno. Ciò che distingue perciò il carattere razionale della moderna imprenditorialità dalle forme precedenti di agire economico non è l'orientamento al guadagno come tale (che è presente sia in un caso che nell'altro, e che cerca di affermarsi ogni volta in maniera ottimale, cioè secondo una logica dell'azione in sé corretta e coerente), ma la modalità attraverso cui il guadagno viene perseguito, la quale a sua volta discende dal posto che la spinta verso il denaro occupa nell'orizzonte complessivo di vita.

Il razionalismo moderno, poi, non è dato solo dall'orientamento puramente adattivo alle condizioni mercato; esso non si esaurisce nel fatto di condursi «secondo un calcolo economicamente corretto delle variabili di mercato»[101], per quanto un tale calcolo sia naturalmente indispensabile. Il razionalismo moderno si misura innanzitutto sulla base di una ottimizzazione dei fattori che investono direttamente la produzione, per cui la valutazione razionale delle condizioni di mercato costituisce soltanto un momento collaterale e non decisamente precostitutivo di una razionale organizzazione produttiva. Sembrerebbe una banalità, ma viene spesso ignorato che non sono i mercati ad aver creato il capitalismo moderno con il suo sistema di fabbrica, l'impiego di macchinario e in genere con l'ottimizzazione delle condizioni produttive attraverso la tecnologia e il sapere tecnico-scientifico, ma al contrario è questo capitalismo basato sulle infinite capacità di crescita e produzione a crearsi continuamente i suoi mercati. Fa parte della razionalità d'impresa, allora, non solo, sfruttare una situazione di mercato data, ma anche e soprattutto la capacità di individuare o addirittura di mettere in piedi dal nulla un proprio mercato.

Perciò il fatto che non si sia formata nel Mezzogiorno, e in Sicilia in particolare, una borghesia industriale è indice di un mancato orientamento economico secondo criteri di razionalità tecnico-produttiva che avrebbero dovuto supportare la semplice razionalità (di per sé arcaica) unicamente diretta al guadagno sulla base delle occasioni di mercato. Al momento dell'unificazione nazionale, scrive Cancila, «l'attività manifatturiera conservava ancora tutti i caratteri dell'artigianato, perché - tranne pochissime eccezioni - il sistema della fabbrica era sconosciuto, l'impiego di macchine azionate da forza motrice cominciava appena a diffondersi e l'aggregazione della

---

[101] A. M. BANTI, *art. cit.*, p. 84

58

manodopera in un unico complesso riguardava quasi esclusivamente il settore zolfifero, l'attività di selezione e di conservazione degli agrumi, pochissimi stabilimenti tessili del messinese e l'industria enologica del marsalese. Le società per azioni erano quasi del tutto sconosciute e il capitale impiegato nell'industria era quasi sempre di natura personale ed esiguo»[102]. In queste condizioni, che nei decenni successivi non mutano sostanzialmente in nulla, dovrebbe sembrare perciò perfino forzato l'uso del termine industria a proposito della situazione economica siciliana. Mancano in sostanza il prevalere dell'investimento non patrimoniale, attuato sotto forma di capitale, il sistema di fabbrica e la meccanizzazione dei processi produttivi. Quest'ultimo punto, in particolare, deve considerarsi tra i più decisivi, giacché senza la svolta tecnologica (che non significa soltanto disponibilità di macchinario, ma trasformazione profonda dei modelli culturali per cui l'uomo si rende disponibile all'uso delle macchine) non si può parlare di industria. Manca dunque quell'elemento costitutivo della modernità per cui cambia completamente il rapporto tra uomo, natura e tecnica. La tecnicizzazione del lavoro sulla base dell'impiego di macchinario non costituisce cioè solo un fatto produttivo, ma investe gli orientamenti culturali e quindi la valenza con cui si percepisce il proprio stare nel mondo. La tecnica non è solo subita, ma viene anche assunta come valore, come una forma di agire che richiede un certo modo d'essere. È solo grazie alla presenza delle macchine, ed applicato ad esse, che il lavoro può diventare il fulcro costitutivo dell'intera esistenza sociale, dopo la rivalutazione che se ne era fatto in ambito protestante, tanto da divenire la nuova religione dei moderni[103]. L'orizzonte etico e mentale che il capitalismo imprenditoriale, il sistema di fabbrica, il lavoro condotto tramite il macchinario presuppongono e mettono in atto trova poi il suo esatto *pendant* nell'organizzare lo Stato in quanto apparato amministrativo, a cui provvede una burocrazia che nel suo ambito equivale all'impiego razionale di personale addetto alla gestione di fabbrica. Lo Stato stesso si meccanicizza, esso diventa un'enorme macchinario adibito alla

---

[102] O. CANCILA, *Storia dell'industria in Sicilia*, cit., p. 133.

[103] Cfr. D.A. OBERNDÖRFER, «Das jüdisch-christliche Arbeitsethos und die Einstellung zur Arbeit im 19. und 20. Jahrhundert», in H. DIWALD (a cura di), *Lebendiger Geist*. Hans-Joachim Schoeps zum 50. Geburtstag von Schülern dargebracht, E. J. Brill, Leiden/Köln, 1959.

produzione sociale di norme e servizi. La razionalità amministrativa si installa in omologia alla razionalità propria dell'industria moderna, come sottolinea la stessa metafora dell'*État-machine*.

Non è un caso, cioè, che in un quadro d'agire sociale in cui domina la razionalità tecnico-produttiva si sviluppa nello stesso tempo, a livello di sfera pubblica, la razionalità di tipo burocratico-amministrativo in quanto forme omogenee legate alla stessa visione del mondo, e cioè all'idea di dominare razionalmente gli ambiti di vita, manipolandoli e trasformandoli fino a connetterli al loro interno secondo una ideale disposizione d'ordine interamente soggetta al controllo umano. Si tratta in sostanza della trasformazione delle sfere di vita sociale in sistemi organizzati. Il fattore tecnico allora finisce per dominare sia l'economia sia lo Stato in quanto apparato giuridico-amministrativo. Di converso, dove manca, come da noi, la tecnicizzazione dell'economia, non solo nella forma della coordinazione ottimale tra le varie fasi del lavoro, ma soprattutto in quella dell'intervento sulla materia attraverso un sistema organizzato che integra il lavoro umano con quello prestato dal macchinario, allo stesso modo viene a mancare anche la trasformazione in «macchina», con le sue tipiche prestazioni giuridiche, civili, sociali, dello Stato.

6. La mafia come forma specifica della modernizzazione siciliana

A riprova del fatto che qui ci troviamo ben distanti da quella mentalità produttivistica così essenziale per l'affermarsi della razionalizzazione della sfera economica, bisogna tener presente come le strategie di successo, messe in campo dalla nuova classe di affittuari capitalisti siciliani, erano ancora ben lungi dal basarsi su mezzi di natura esclusivamente economica, non rifuggendo essi anzi dalle forme 'improprie', dal punto di vista di un moderno comportamento razionale, della costrizione fisica e della violenza. La modernità dell'economico infatti sta tutta nel presupposto di autosufficienza delle sue leggi interne, secondo cui gli individui, lasciati liberi di perseguire i loro interessi, tenderanno a mettere in atto meccanismi automatici di regolazione a cui essi stessi non possono fare a meno di obbedire. Di conseguenza, lasciato alla sua propria normatività, l'economico verrebbe ad espungere ogni forma di comportamento basato sull'arbitrio e sulla sopraffazione personale, come mezzi con cui far valere il desiderio di successo. Ogni volontà di affermazione diretta, di conseguire dunque risultati acquisitivi con il sussidio di mezzi extra-economici, come appunto l'appropriazione violenta e la costrizione personale esercitata sugli altri soggetti concorrenti o coadiuvanti, viene esautorata come comportamento improprio e inadeguato al raggiungimento delle stesse mete economiche desiderate. Di fatto, il conseguimento di obiettivi economici tramite l'esercizio della forza generalmente travalica il mero desiderio di beni e ricchezza, per indirizzarsi invece verso gli scopi più ambiziosi della potenza e del dominio personale. Questo è proprio quanto per lo più accadeva prima della moderna instaurazione dell'economico come sfera a sé stante, mentre ora, viceversa, il guadagno e l'arricchimento vengono ricercati come scopi in sé, e non più soltanto in vista delle possibilità di prestigio e di potenza che essi consentono.

Ora, la figura del gabellotto, se per un verso è espressione della moderna dinamica di affermazione delle classi economiche, dall'altro si situa fuori dal moderno processo di razionalizzazione della sfera acquisitiva, la quale impone l'adeguatezza di mezzi e scopi in base all'assunto per cui risultati economici diventano conseguibili unicamente tramite strategie economiche di successo. Tale razionalizzazione d'altronde, non è un risultato spontaneo di un contesto materiale in cui sarebbe sufficiente che gli individui siano posti in condizioni di perseguire liberamente le loro finalità economiche, ma è il frutto di un orientamento verso un determinato tipo di condotta di vita.

Da qui, il discorso sulla natura e il carattere del gabellotto in Sicilia ci riporta al tema della mafia, non solo per motivi di rilevanza storico-empirica, ma anche per così dire strutturali e cioè inerenti alla sua stessa logica sociale intrinseca. Nella figura del gabellotto viene fuori la mancata congiunzione tra istanze acquisitive promosse dalla modernità e quell'orizzonte di valori borghesi per cui nell'attività economica l'individuo si spersonalizza e assume anonime funzioni di produzione e servizio. Certo, come già avvertiva lo stesso Sereni, «il processo di evoluzione della mafia è assai complesso», in quanto richiama «prima ancora che un'organizzazione vera e propria, un modo di vita comune a tutta l'isola», e il gabellotto non è una figura anomala staccata da tutto il contesto dei valori isolani, ma affonda nella credenza abbastanza diffusa che bisogna «far rispettare, con la violenza o grazie alle aderenze personali di cui si dispone, quelli che si reputano i propri diritti»[104]. Sicché non solo nel latifondo, ma anche nelle aree mercantili più avanzate, legate all'economia delle colture arboree, e nel contesto di vita urbana della città di Palermo, noi troviamo il prodursi del fenomeno mafioso[105].

Ma allora in quanto legata alla figura del gabellotto, e più in generale in quanto momento della più ampia dinamica di ascesa e di affermazione delle classi medie, lungi dall'essere un residuo di rapporti sociali arcaici sopravvissuti alla bufera delle grandi trasformazioni moderne[106], la mafia costituisce la forma specifica della modernizzazione siciliana, e, per estensione, se si tengono in conto gli intrecci e le complicità d'insieme, un pezzo significativo del modo in cui l'intera nazione s'è dato un assetto moderno. Dal punto di vista della sua natura sociale infatti le caratteristiche dei gabellotti «hanno sempre più dell'imprenditorialità borghese piuttosto che della consuetudine

---

[104] E. SERENI, *Il capitalismo nelle campagne*, cit., pp. 160-161. Cfr. anche L. FRANCHETTI, *Condizioni politiche e amministrative*, cit. *passim*; G. MOSCA, «Che cos'è la mafia» [1901], in ID. *Uomini e cose di Sicilia*, Sellerio, Palermo, 1980. pp. 3-8.

[105] Si veda S. LUPO, «Nei giardini della Conca d'oro», in *Italia contemporanea*, n. 156, 1984, e il suo più recente *Il giardino degli aranci*, Marsilio, Venezia, 1990. Di Lupo si veda anche *Storia della mafia*, Donzelli, Milano, 1993. Cfr. poi A. RECUPERO, «Ceti medi e *homines novi*. Alle origini della mafia», in *Polis*, n. 2, agosto 1987. Ma già per tempo era stato avvertito come la mafia si trovasse insediata nelle zone economiche più dinamiche (si veda principalmente A. CUTRERA, *La mafia e i mafiosi*, Reber, Palermo, 1900). Come giustamente è stato osservato perciò «il fenomeno mafioso sorge in zone non caratterizzate da arretratezza, ma da opportunità relative di sviluppo» (R. CATANZARO, *Il delitto come impresa*, Rizzoli, Milano, 1991, p. 22).

[106] Limitativa infatti è la tesi di Sereni secondo cui nell'attività della mafia si può scorgere «il riflesso degli interessi del gabellotto» (E. SERENI, *Il capitalismo nelle campagne*, cit., p. 161), se questo deve significare, come qui avviene, una completa sovrapposizione tra la figura del gabellotto e quella del mafioso, per cui la mafia risulterebbe come un portato esclusivo della sua opera. Per Sereni, del resto, il costituirsi degli interessi economici del gabellotto in impresa di potere a carattere mafioso va inteso come una riprova della tenacia con cui si conservano in Sicilia «i rapporti di produzione sociale precapitalistici» (*ibid.*). Dal nostro punto di vista, invece, le cose si presentano in modo completamente diverso: ciò che appare come arretratezza in lotta contro lo sviluppo di rapporti economici e sociali moderni deve essere inteso come un prodotto dello sforzo stesso di modernizzazione. Per cui si tratta non di una contrapposizione tra istanze estrinseche e disomogenee, ma di una dialettica regressiva interna ai fattori stessi di progresso.

feudale»; si tratta di «un ceto medio che non ha nulla di tradizionale»[107]. Difatti, in Sicilia l'élite di «contadini imprenditori violenti»[108] non può affatto definirsi una mera entità del passato, in quanto essa esercita la propria egemonia sul resto della popolazione contadina «non più tramite relazioni sociali garantite da norme feudali, ma attraverso forme contrattuali libere, anche se di contenuto arretrato, e con una gestione paternalistica dei rapporti sociali»[109].

Ma, soprattutto, l'elemento di modernità è dato dal formarsi di dirompenti dinamiche di ascesa sociale, le quali, ad un certo punto, quando cioè nuove attese economiche poterono essere soddisfatte con l'esautoramento del vecchio ceto aristocratico, liquidarono tutto il vecchio sistema di ascendenza dei titoli e rimescolarono le modalità di distribuzione dei beni. Ora, il dato incredibile e paradossale della vicenda siciliana è perciò che, proprio uno degli indicatori fondamentali del modello di modernizzazione riuscita, quello cioè che si esprime nel «grado di flessibilità del sistema di status»[110], vale a dire ancora quello che offre «la misura in cui un dato sistema di stratificazione e di organizzazione sociale è capace di continua espansione e differenziazione, in modo da ridurre al minimo le tendenze monopolistiche, congelatrici e ascrittive di coloro che detengono potere, ricchezze e prestigio» (vero e proprio „punto critico", questo, della valenza del mutamento sociale)[111] - questo indicatore, dunque, risulta abbastanza presente in Sicilia, e se non segna un forte ed immediato impatto, certo mostra una sicura e continua crescita, per cui non è possibile nutrire nessun dubbio sulla penetrazione e l'insediamento di dinamiche sociali di tipo moderno. Eppure è proprio la forma assunta dagli stessi requisiti portanti della modernizzazione a presentare caratteri aberranti, tanto che il tipo di fallimento qui operatosi si può descrivere

---

[107] P. PEZZINO, «Alle origini del potere mafioso: Stato e società in Sicilia nella seconda metà dell'Ottocento», *Passato e presente*, n. 8, 1985, p. 54.

[108] È la denominazione che usa A. BLOK, *The Mafia of a Sicilian Village (1860-1960)*, Harper & Row Publisher, New York, 1974; trad. it., *La mafia di un villaggio siciliano. 1860-1960*, Einaudi, Torino, 1986.

[109] P. PEZZINO, «Alle origini...», cit., p. 55

[110] S. N. EISENSTADT, «Modernizzazione: sviluppo e diversità», in *Quaderni di sociologia*, XIII, aprile-giugno 1964, p. 169.

[111] *Ibid.*, p. 170.

soltanto come collasso interno alla modernizzazione stessa. Tutte quelle «caratteristiche del sistema di status» che Eisenstadt riconosce determinanti «agli effetti del felice stabilirsi e della continuità della modernizzazione»[112], sono stati anche per la Sicilia gli aspetti più rilevanti della trasformazione sociale, eppure hanno assunto modalità perverse e sortito esiti disastrosi.

Allo stesso modo, non l'insufficienza di spirito capitalistico, ma anzi «capacità imprenditoriale e adattamento al mutamento sociale» costituiscono le caratteristiche proprie degli aggregati mafiosi fin dalla loro origine[113]. Lo stesso latifondo, a cui pur è legato il sorgere della mafia, non comportava di per sé un'economia statica e arcaica[114], e se per decenni esso è stato il luogo di radicamento degli interessi mafiosi, ciò è dovuto al fatto che quivi erano allocate le risorse principali che potevano essere drenate dall'industria della violenza. Il nesso di mafia e latifondo non va perciò attribuito al carattere tradizionale o „feudale" della mafia, ma alle opportunità che i latifondi cerealicoli, in quanto luoghi di produzione della ricchezza, offrivano agli „imprenditori violenti", non altrimenti da quelle offerte, in diversa misura, dalle miniere di zolfo, dai giardini agrumari ed infine anche dal controllo dei canali di comunicazione con i centri del potere politico[115]. Non a caso, quando, dopo il secondo dopoguerra, le politiche di intervento pubblico per il Mezzogiorno crearono un nuovo ambito estremamente interessante di risorse, le dinamiche mafiose trovarono qui un nuovo terreno in cui annidarsi e proliferare. «L'amministrazione degli ospedali, le aziende

---

[112] *Ibid.*, p. 173.

[113] P. PEZZINO, *Stato violenza società. Nascita e sviluppo del paradigma mafioso*, in M. AYMARD/G. GIARRIZZO, *Storia d'Italia. Le regioni dall'Unità a oggi. La Sicilia*, Einaudi, Torino, 1987, p. 972.

[114] Sulla razionalità del latifondo ha insistito recentemente con una certa enfasi M. PETRUSEWICZ, *Latifondo. Economia morale e vita materiale in una periferia dell'Ottocento*, Marsilio, Venezia, 1990. Ma già apprezzamenti meno scientificamente disinteressati erano stati presentati da L. TASCA BORDONARO, *Elogio del latifondo siciliano*, Palermo, 1942. Tuttavia, anche Gaetano Mosca, pur evidenziando i limiti oggettivi del latifondo, aveva avvertito che esso, entro le condizioni date al cui interno era venuto a configurarsi, offriva il tipo di coltura «più razionale possibile» (G. MOSCA, «Latifondo e contadini», in *Corriere della Sera*, 17.9.1905; ripubbl. in ID. *Uomini e cose di Sicilia*, Sellerio, Palermo, 1980, p. 75).

[115] P. PEZZINO, *Stato violenza società*, cit., p. 972.. Si vedano anche i lavori di S. Lupo sopra citati.

municipalizzate, gli enti preposti all'edilizia popolare e alla promozione dei piani di sviluppo, gli enti bancari e creditizi per il finanziamento e il sostegno delle imprese, gli assessorati regionali, provinciali e comunali costituiscono luoghi di concentrazione delle risorse finanziarie»: è qui che si ricostituisce il nuovo *humus* mafioso[116]. Dal latifondo quindi agli ambiti dell'amministrazione pubblica e alla gestione politica delle risorse finanziarie: la mafia ha carattere proteiforme, si adatta alle opportunità di appropriazione di volta in volta presenti. Se essa è arcaica nel suo modo di sentire e nei suoi valori di riferimento, e soprattutto quanto ai mezzi (che sono quelli dell'illegalità e della violenza), è moderna invece quanto a capacità di adeguarsi e di sfruttare le nuove occasioni (e perfino nel ridefinire le sue competenze).

Ad ogni passo avanti compiuto in Sicilia verso la modernizzazione economica, è corrisposto un livello di presenza mafiosa sempre più esteso e radicato, oltre che aggiornato alle nuove sfide e occasioni di guadagno. Basti pensare alla «rilevante massa di capacità organizzative e imprenditoriali che vengono utilizzate per perseguire gli obiettivi di occultamento e riciclaggio del denaro sporco»[117]. Non è l'assenza di un'economia di mercato il problema siciliano, ma il fatto che «gli unici mercati vivaci siano quelli dove si commerciano beni sbagliati»[118].

Nella misura in cui l'attività economica siciliana si svolge all'interno dell'orizzonte mafioso, essa appare dominata da un tipo di imprenditore che è rimasto al di qua dell'*ethos* moderno che canalizza l'agire economico secondo procedure organizzative formali-razionali, che prevede la separazione delle sorti e del patrimonio personale dal capitale d'impresa, e che esige lo stabilirsi di un sistema di legalità che garantisca del comportamento dei singoli soggetti economici, consentendo quindi il formarsi di una rete di relazioni contrattuali e di mercato, reciproche e consensuali, ben protetta di fronte al rischio di continui sfondamenti delittuosi. Ma soprattutto il requisito funzionale di questo *ethos* è che, in condizioni normali, la costrizione economica e le sue regole specifiche siano sufficienti a determinare il comportamento degli individui, e che l'ordinamento statale offra solo regolazione e

---

[116] R. CATAMZARO, *Il delitto come impresa*, cit., p. 179.

[117] *Ibid.*, p. 252.

[118] D. GAMBETTA, *La mafia siciliana. Un'industria della protezione privata*, Einaudi, Torino, 1992, p. XVII.

sorveglianza esterne, limitandosi ad intervenire nei casi di perturbamento, i quali non possono essere continui e prolungati se il sistema deve funzionare.

Lo Stato moderno infatti si assesta secondo la veduta pratica per cui l'economia è una sfera privata, dove gli individui, perseguendo ognuno il proprio interesse particolare, prevengono alla creazione del benessere generale. La convinzione di fondo inoltre è che gli individui impegnati nell'agire economico raggiungano un rapporto di equilibrio sociale, come risultato degli stessi sforzi da ciascuno adoperati per migliorare la propria condizione. Ma proprio dalla combinazione di questi stessi tasselli è venuto fuori, nel contesto siciliano, un quadro completamente diverso, una configurazione difforme rispetto al modello di società che anche qui doveva trapiantarsi. L'impresa mafiosa[119] ha assunto dimensioni sempre più ampie, alimentandosi delle stesse politiche di sviluppo promosse dallo Stato e come loro effetto perverso. Che illegalità e violenza siano divenuti procedimenti ordinari per ottenere risultati economici non è altro che, per larga parte, un effetto della stessa modernizzazione economica promossa dall'apparato pubblico. L'intervento statale, che si era assunto il compito di generalizzare sull'intero territorio nazionale le forme di attività e di accumulazione capitalistica, una volta che invece è stato «usato e concepito come appropriazione»[120], ha addirittura richiamato in vita forme di potere e di relazione sociale di tipo neo-patrimoniale[121], in cui cioè l'uso delle

---

[119] Mentre c'è unanime accordo nel qualificare col carattere d'impresa l'agire mafioso, non appaiono poi del tutto univoci i connotati con cui essa debba definirsi. A tal proposito posizioni tra loro divergenti presentano P. ARLACCHI, *La mafia imprenditrice*, Il Mulino, Bologna, 1983, G. LA FIURA/U. SANTINO, *L'impresa mafiosa*, Angeli, Milano, 1990 e D. GAMBETTA, *La mafia siciliana*, cit.

[120] P. FANTOZZI, «Appartenenza clientelare e appartenenza mafiosa. Le categorie della scienza sociale e la logica della modernità meridionale», in *Meridiana*, n. 7-8, settembre 1989-gennaio 1990, p. 313. Di Fantozzi si veda anche il più recente *Politica, clientela e regolazione sociale*, Rubbettino, Soveria Mannelli, 1993.

[121] Sulle implicazioni più ampie riguardo all'uso del concetto politico di 'neo-patrimonialismo si veda S. N. EISENSTADT, *Traditional Patrimonialism and Modern Neopatrimonialism*, Sage Research Papers, Beverly Hills, 1973 e G. ROTH, *Politische Herrschaft und persöliche Freiheit. Heidelberger Max Weber-Vorlesungen 1983*, parte I: *Charisma und Patrimonialismus heute*, Suhrkamp, Frankfurt a. M., 1983; trad. it., *Potere personale e clientelismo*, Einaudi, Torino, 1990. Questi lavori si trovano

risorse pubbliche non si distingue da quello delle risorse private ed è distorto anzi in funzione di quest'ultime[122], spesse volte non solo per fini privati di ricchezza, ma anche per alimentare la clientela e - per usare la bella espressione di Mastropaolo - il proprio „latifondo elettorale"[123].

Il risultato è dunque che si sono avuti comportamenti economici inconseguenti con gli indirizzi di sviluppo che si intendevano perseguire. Una tale incongruenza trova spiegazione con il carattere extra-economico che lo Stato continua a mantenere in una economia capitalistica anche quando si assume compiti di controllo, di direzione e di intervento al suo interno. Lo Stato infatti, da un lato mette a disposizione i suoi potentissimi mezzi finanziari e organizzativi perché gli individui orientino il loro agire sociale in senso economico e perseguano finalità di profitto, dall'altro però non rientra nelle sue modalità e capacità d'intervento far sì che le dinamiche private di accumulazione siano conformi alle procedure richieste dal moderno sistema capitalistico, il cui funzionamento comporta credenze, attitudini, aspirazioni, atteggiamenti, criteri di condotta, in mancanza dei quali il perseguimento di obiettivi economici privati difficilmente potrà sposarsi con la crescita materiale e civile della società nel suo insieme. Anzi, la gestione politica delle risorse economiche può avere effetti deleteri sullo stesso spirito capitalistico (tant'è che è inerente da sempre al capitalismo di Stato, quale quello che abbiamo conosciuto nel mondo antico[124], la tendenza a

---

intelligentemente discussi in P. P. PORTINARO, «Il (mal)governo degli uomini», in *Teoria politica*, a. IV, n. 1, 1990.

122 Ricordiamo che nel patrimonialismo antico, a differenza di quello moderno dove il drenaggio di risorse è a senso unico, l'indistinzione tra patrimonio pubblico e privato faceva sì che a volte fosse anche quest'ultimo ad alimentare il primo. Cfr. P. VEYNE, *Le paine et le cirque*, Edition du Seuil, Paris, 1976; trad. it., *Il pane e il circo*, Il Mulino, Bologna, 1984

123 A. MASTROPAOLO, «Tra politica e mafia. Storia breve di un latifondo elettorale», in M. MORISI (a cura di), *Far politica in Sicilia. Deferenza, consenso e protesta*, Feltrinelli, Milano, 1993.

124 Si vedano M. WEBER, *Agrarverhältnisse im Altertum. Die sozialen Gründe des Untergangs der antiken Kultur*, in ID., *Gesammelte Aufsätze zur Sozial- und Wirtschaftsgeschichte*, J. C. B. Mohr (P. Siebeck), Tübingen, 1924; trad. it., *Storia economica e sociale dell'antichità. I rapporti agrari*, Editori Riuniti, Roma, 1981; G. SALVIOLI, *Il capitalismo antico*, Laterza, Roma-Bari, 1985; M. I. FINLEY, *The Ancient Economy*, University of California, Berkeley-Los Angeles, 1973; trad. it., *L'economia*

lasciar spazio e adito alla mobilitazione degli avventurieri e degli speculatori privi di scrupoli), di cui finisce per fiaccarne gli orientamenti di valore presupposti, vale a dire la fiducia nell'intrinseca razionalità dell'attività d'impresa (come luogo in cui la spinta al profitto si traduce in crescita civile e materiale dell'intera società), e dei meccanismi acquisitivi di mercato in quanto uniche modalità in grado di consentire l'impiego ottimale delle risorse[125].

Certo, in una situazione in cui il capitalismo è pienamente consolidato nelle strutture e nelle pratiche sociali, l'agire economico degli individui si trova ad essere necessariamente incanalato nelle forme che esso stesso obiettivamente richiede e predispone. Qui il razionalismo economico, cioè il puro conseguimento di obiettivi economici che utilizzi e ponga in atto mezzi anch'essi di natura unicamente economici, s'impone per forza propria, e gli individui non trovano altro modo per soddisfare le loro intenzioni acquisitive che adeguarvisi (una imposizione fattuale a cui essi in condizioni normali si piegano senza neanche accorgersene). Ma dove viene a mancare questa impalcatura, dove cioè la

---

degli antichi e dei moderni, Laterza, Roma-Bari, 1975; J. P. LÉVY, *L'economie antique*, PUF, Paris, 1981.

[125] Presentando, in occasione di un convegno, i primi risultati di una ricerca ancora in corso, Raimondo Catanzaro si chiedeva «se le pratiche di spesa nel loro complesso, indipendentemente dai casi di corruzione, non abbiano innestato un meccanismo perverso, creando un clima mentale favorevole all'imbarbarimento dei rapporti economici e sociali» cui il Mezzogiorno era andato incontro negli ultimi decenni. Egli avanzava così, in via di ipotesi, l'idea che, considerato come nel Mezzogiorno si sia affermato un tipo di agire economico-sociale caratterizzato da «spirito di rapina», un tale risultato possa essere imputato all'«irresponsabilità» (in senso tecnico e non moralistico) con cui il ceto politico meridionale ha gestito la spesa pubblica, in una situazione peraltro in cui le dinamiche economiche principali dipendono dall'azione dello Stato e dall'uso delle sue risorse. Vedi R. CATANZARO, *Dall'irresponsabilità allo spirito di rapina. Note in merito al sistema politico locale nel Mezzogiorno*, in F. P. CERASE (a cura di), *Dopo il familismo, cosa? Tesi a confronto sulla questione meridionale negli anni '90*, Angeli, Milano, 1992, pp. 46-51. Ma già in una ricerca precedente Catanzaro aveva avuto modo di osservare come, in contesti economici di dipendenza, quale quello siciliano da lui studiato, proprio la stessa azione intrapresa dallo Stato di promuovere sviluppo è facilmente suscettibile di innescare un meccanismo perverso che rovescia completamente le intenzioni di partenza, per cui invece dei risultati attesi si troverà ribadita al contrario l'incapacità del sistema economico locale di marciare con le proprie gambe. L'intervento dello Stato ha (o almeno ha avuto) dunque effetti eterogenetici rispetto ai fini, per cui invece di creare sviluppo, ha prodotto ancor più dipendenza. Si veda R. CATANZARO (a cura di), *L'imprenditore assistito*, cit., pp. 355-357.

stessa organizzazione economica non è ancora impiantata in modo da avere effetti costrittivi spontanei e quasi inavvertiti sull'*ethos* individuale e sulla prassi sociale orientata al raggiungimento di finalità economiche, quando il capitalismo non è ancora in grado di imporsi nel suo specifico razionalismo sui soggetti economici, in modo che questi siano indotti a seguire le modalità che ad esso sono peculiari, e quando tuttavia gli scopi acquisitivi e di guadagno hanno assunto posizione predominante all'interno dell'orizzonte sociale di comportamenti e di valori, fino a determinarne le dinamiche principali, allora non saranno più le forme del calcolo sulla base della situazione di mercato, né il rispetto delle garanzie legali, i mezzi adeguati per il raggiungimento degli scopi economici, ma l'appropriazione violenta e diretta, ove praticabile, ove cioè il contesto politico-istituzionale lo consenta, apparirà come la strada più facile e conveniente. A suo modo però l'attività economica criminale pratica una certa conformità tra mezzi e scopi, ma non tale che possa inscriversi nell'universo razionalistico dell'economia moderna, se non altro perché le strategie del calcolo devono cedere il passo a quel mezzo „irrazionale" per eccellenza che è la violenza (la quale dunque può essere conseguente con un fine, ma non razionale in quanto tale). Non si può pertanto condividere il disincanto di Gambetta secondo cui l'agire mafioso va annoverato tra le forme di strategie razionali d'impresa, eccezion fatta per il tipo di beni offerti sul mercato[126]. Quel che qui sembra marginale, ne segna invece la difformità sostanziale: è vero infatti che lo stesso razionalismo capitalistico è eticamente indifferente, ma non è men vero che esso non è pensabile senza il rispetto di determinati presupposti di valore che ne fanno comunque alcunché di eticamente condizionato. Il tipo di etica che condiziona l'agire economico in Sicilia, invece, è contrario al prodursi della sua razionalizzazione. E non mi riferisco tanto agli atteggiamenti di valenza antieconomica rivolti prevalentemente all'acquisto di un guadagno speculativo o di un posto pubblico per sistemarsi a vita. Assumo invece che proprio i fattori che incoraggiano dinamiche d'impresa (il desiderio di emergere, di affermarsi, di raggiungere il successo economico, di affrontare la concorrenza, di investire esistenzialmente la propria persona nella lotta per la vita che si svolge sull'arena del mercato) si indirizzano verso pratiche che sono

---

[126] D. GAMBETTA, *La mafia siciliana*, cit.

contrarie alla razionalità capitalistica[127]. Il fenomeno mafioso si pone così in relazione con le forme improprie assunte dalla dinamica capitalistica in Sicilia, dove l'arretratezza non è dovuta a sviluppo mancato, ma alle forme distorte che esso ha assunto, vale a dire agli orientamenti inadeguati che hanno impedito l'insediarsi di un processo capitalistico promotore di crescita economica e che al posto della borghesia produttiva hanno dato origine alla mafia[128]. È quanto vedremo ancor meglio mettendo a confronto i modelli culturali di cui stiamo parlando, non prima però di aver preso un nuovo avvio.

---

[127] È quanto si ricava dalla stessa insistenza con cui Falcone ha voluto caratterizzare la natura imprenditoriale della mafia in connessione peraltro con lo specifico universo siciliano di valori che la sostiene (G. FALCONE/M. PADOVANI, *Cose di Cosa Nostra*, Rizzoli, Milano, 1991).

[128] La cosa paradossale è dunque che si dovrebbero considerare i mafiosi come i veri imprenditori siciliani. Di sicuro, a loro modo, non sono privi di un certo *ethos* del lavoro. «In genere - osserva ancora Falcone - quando un mafioso afferma: „Sono un vero lavoratore", non ha tutti i torti» (*ibid.*, p. 33). Sciascia addirittura si spinge più oltre, accettando di considerare in via di ipotesi, in quanto «letterariamente fertile», l'idea di assumere la mafia come una trasposizione *sui generis* e degenere di ciò che altrove è stato l'orientamento etico calvinista (si veda l'intervista concessa a Jürg Altwegg per la *Frankfurter Allgemeine Zeitugung-Magazin*, del 31.7.1987, trad. it., «Perché la mafia è così affascinante, Signor Sciascia», in *Suddovest*, n. 2, dicembre 1992).

Parte seconda
Il cortocircuito tra modelli culturali

1. Sentire religioso, moralità e senso civico.

Nel definire i caratteri culturali propri della Sicilia, Leonardo Sciascia fa riferimento al sentire religioso quale momento determinante per cogliere le forme e i modi delle rappresentazioni collettive più ampie. Nel suo *Alfabeto pirandelliano*[1] vi è una voce, quella di *Cristiano*, in cui il tono si fa più accorato, la scoperta e la denuncia per l'atteggiamento fondamentalmente anti-cristiano dei siciliani si manifesta con disperata partecipazione per il dolore e la sofferenza che ne derivano, per il male (morale, sociale, individuale, esistenziale, civile) che ne scaturiscono.

Si deve a Pirandello l'idea di una Sicilia come terra priva di "candore", dove l'autenticità risulta impossibile e bisogna affidarsi alla finzione dell'apparire. Niente di ciò che si mostra può essere preso sul serio, poiché la vita non può essere altro che rappresentazione, teatro. È ciò che emerge ancor più esplicitamente dalla fenomenologia del sentire siciliano tracciata da Bufalino, il quale nota come sia costume radicato quello di tacere e nascondere la verità dei sentimenti, per affidarsi invece ad una sorta di «gusto della comunicazione avara e cifrata»[2], nel presupposto che la libera e spontanea interazione espressiva non possa essere il veicolo di una effettiva autenticità e che tutto ciò che invece è dicibile debba essere scena, finzione. Il linguaggio può solo inscenare ciò che non è, e cioè tradurre l'essere nel suo non essere; esso non può darsi

---

[1] Pubblicato per la prima volta come supplemento a *L'Espresso* nel 1976, e poi da Adelphi, Milano, nel 1989 (edizione questa da cui più avanti citiamo).

[2] G. BUFALINO, *La luce e il lutto*, Sellerio, Palermo, 1988, p. 24.

come effettiva esperienza del vissuto, come di ciò che si incide sulla propria anima, ma assieme al gesto che lo integra e addirittura lo ingloba (ed anzi in una vera e propria «iperbole dei gesti», fino al «mimo che tende a coniugare nell'effusione gestuale i parossismi della passione»[3]), può darsi solo nella forma della platealità, vale a dire nella piena assunzione dei comportamenti sociali di tipo convenzionale, spinti alla più grottesca esagerazione, quasi perché se ne tradisca la non serietà, il gioco[4], la finzione stessa che deve schermare e rendere inaccessibile la verità di ognuno. Il proprio sentire può venir fuori solo se inscenato - perfino nella pena, dove, in una «connivenza tra scena e pena è come se chi soffre si ricordasse continuamente che sta recitando; e chi recita se ne scordasse per piangere lacrime vere»[5]. Si tratta di una manifestazione particolare di ciò che Salvatore Natoli ha chiamato «la maschera del dolore», come ciò che consente di codificare l'esperienza del soffrire, di contenerla e nello stesso tempo di tradirla[6]. Non a caso, lo stesso Bufalino collega il mimo al rito, al quale, come intreccio di «liturgia e maschera», è affidato il compito di prendere su di sé gli scarichi di una passione esagitata, e che «inalveandoli nella sicurezza di una norma riconosciuta, li depura, li domina, li guarisce»[7].

Sembra quindi doversi attribuire ai siciliani «una naturale disposizione al teatro», una «dimensione teatrale del vivere», che rende altresì suscettibili «ai fischi, agli applausi, all'opinione degli altri»[8]. Si tratta però, come ancora avverte Bufalino, di un sentimento del teatro come «spirito mistificatorio»[9], tendente cioè a risucchiare e a conformare la vita nell'artifizio della rappresentazione.

A questa costituzione spirituale corrispondono del resto tipologicamente i comportamenti delle figure sociali dominanti espressi nell'isola. Mi riferisco ai due modelli ideali di vita che hanno dominato

---

[3] *Ibid.*, p. 24, p. 29.

[4] Nel senso in cui gli inglesi chiamano l'attore *player*, da *to play* (giocare, ma anche appunto recitare) e i tedeschi *Spieler* da *Spiel* e *spielen* (gioco e giocare, e quindi eseguire una parte o un pezzo teatrale o musicale).

[5] *Ibid.*, p. 29.

[6] S. NATOLI, *L'esperienza del dolore*, Feltrinelli, Milano, 1986, p. 12.

[7] G. BUFALINO, *La luce e il lutto*, cit., è. 29.

[8] *Ibid.*, p. 34, p. 20.

[9] *Ibid.*, p. 23.

in Sicilia, quello del gentiluomo che vive sfarzosamente, tutto immerso nella sua esteriorità, e quello del potente „uomo di rispetto", del mafioso cioè, il quale, nella sua immagine tradizionale, rifugge invece da ogni vezzo appariscente, e si atteggia a persona umile, alla mano, sempre al servizio del prossimo, ma a cui non si può negare nulla[10], definendosi dentro un'economia espressiva ridotta quasi esclusivamente al gesto e allo sguardo. Di questi due modelli si può dire che, sebbene apparentemente contrastanti, si integrano e si supportano l'un l'altro, e trovano anzi il loro elemento comune nello spazio in cui entrambi per esistere hanno bisogno di dispiegarsi: vale a dire, la scena e il pubblico, senza di cui né l'uno né l'altro potrebbero prendere corpo[11]. Il mafioso da parte sua ama il segreto solo nella misura in cui vuole volgerlo in enigma, e dunque ha bisogno di un destinatario passivo a cui affidare la decodificazione del suo ruolo di potente, che perciò, prima di essere agito, è recitato. «Il mafioso è anzitutto un uomo che si compiace di se

---

[10] In una intervista a Danilo Dolci, Genco Russo si dipingeva con queste parole: «Sono nato così. Senza scopi mi muovo. Chiunque mi domanda un favore io penso di farglielo perché la natura mi comanda così. [...] Viene uno e dice: „Ho la questione col Tizio, vede se può accordare la cosa". Chiamo la persona interessata o vado a trovarla io, a seconda dei rapporti, e li accordo. Ma io non vorrei che si pensasse che le dica queste cose per farmi grande: le dico queste cose per cortesia, perché ha fatto tutta questa strada. Io non ci (sic!) sono né vanitoso, né ambizioso» (D. DOLCI, *Spreco*, Einaudi, Torino, 1960, p. 68). Non meno significativa, poi, quest'altra descrizione di Calogero Vizzini consegnataci da Luigi Barzini jr: «Don Calò usciva per tempo, puntualmente, alla stessa ora dal portoncino di casa sua, che dava sulla piazza, e passeggiava tranquillamente avanti e indietro, con le mani intrecciate dietro la schiena, conversando solitamente con il fratello Monsignore. Dalle ombre lungo i muri e da vicoletti laterali uscivano di quando in quando le persone che erano arrivate, alcune da lontano, e aspettavano di potergli parlare. Si trattava di contadini, di vecchie con fazzoletti neri sul capo, di giovani mafiosi, di borghesi. A turno passeggiavano con lui esponendogli i loro problemi. Egli ascoltava, poi chiamava uno dei suoi aiutanti, impartiva alcuni ordini, e chiamava il postulante successivo. Molti, nell'andarsene, gli baciavano le mani in segno di gratitudine. Qualche tempo dopo don Calò sedeva a un tavolino del caffè, sulla piazza e sbrigava gli affari quotidiani sorseggiando un espresso, in apparenza un anziano contadino e un mercante di bestiame come tutti gli altri» (L. BARZINI jr., *Gli Italiani. 53 milioni di protagonisti*, Milano, 1970[2], cit. in H. HESS, *Mafia. Zentrale Herrschaft und lokale Gegenmacht*, J. C. B. Mohr (Paul Siebeck), Tübingen, 1973; trad. it. *Mafia*, Laterza, Bari-Roma, 1973, p. 175).

[11] In particolare per quanto riguarda il secondo, come è stato efficacemente osservato, «il pubblico fa il mafioso» (H. HESS, *Mafia*, cit., p. 77. Si tratta delle parole pronunciate dal dott. Salvatore Costanza di Trapani in una conversazione con l'autore).

stesso. Si guarda e si ascolta: quel suo parlare a monosillabi, a cenni, per sottintesi, quel controllo continuo del gesto, della parola, del portamento sono una maschera, che, riflettendo il tipo ideale del siciliano o quello che egli vorrebbe essere o esser creduto, si porta come un'uniforme o quasi una bandiera di un corpo privilegiato e invidiato. Il mafioso ci tiene a farsi riconoscere come tale e nello stesso tempo a darsi l'aria di non desiderare di essere conosciuto come mafioso: nel suo intimo si sentirebbe diminuito, se sapesse di poter passare inosservato. È e rimane un attore che recita la sua parte»[12].

Ora, per tornare allora di nuovo a Sciascia, da cui siamo partiti, *Cristiano* è forse la voce di più intenso coinvolgimento tra quelle che egli mette insieme intorno alla figura e all'opera di Pirandello. Il tormento pirandelliano sembra originarsi, nell'interpretazione sciasciana, dallo scarto tra l'aspirazione verso un'effettualità del sentire interiore, che potremmo chiamare dominio della grazia, in cui autenticità e immediatezza definiscano i connotati dell'agire e dell'esistenza, e l'imporsi invece di un mondo granitico di convenzioni fittizie che nega ogni rapporto di comunicazione con l'altro, e con ciò finisce per ostacolare la formazione di una propria identità. «Il candore pirandelliano - dice Sciascia, adoperando significativamente un termine che ha contemporaneamente connotazione illuministico-voltairiana e religioso-dostoevskiana[13] - [consiste] nel suo essere naturalmente cristiano e nello scoprire intorno a sé una realtà umana refrattaria al cristianesimo nella sua essenza e che, pur nell'osservanza dei riti, delle apparenze, di fatto e quotidianamente, con intima indifferenza e cinismo, lo stravolge e maneggia»[14]. Sciascia non lo dice esplicitamente, ma lo si può intendere chiaramente, come da qui, da questa disparità, da lui posta in rilievo, tra contenuti e forme, da questa commistione tra loro come entità disomogenee e in lotta, derivi la stessa radice tutta siciliana del pirandellismo, l'ossessione cioè per le forme dell'apparire prive di verità

---

[12] V. TITONE, *La festa del pianto. Storia dei rapporti fra la Sicilia e le culture del nord*, S. Sciascia, Caltanissetta-Roma, 1983, p. 206.

[13] Si pensi, a quest'ultimo proposito, a quel „candido" che è il principe Mischkin nell' *Idiota*. È a Massimo Bontempelli però che lo stesso Sciascia rimanda per quanto riguarda la prima formulazione del „candore pirandelliano" (si veda L. SCIASCIA, *Pirandello e la Sicilia*, S. Sciascia, Caltanissetta- Roma, 1961).

[14] L. SCIASCIA, *Alfabeto pirandelliano*, cit., p. 20.

e sostanzialità, la cui scoperta produce lo scarto per chi, anelando alla semplicità del proprio essere, ad un abbandono fiducioso nel mondo, deve invece disperarsi intorno all'interrogazione sul proprio posto in esso[15]. L'identità in Pirandello non può assumere un volto integro; ogni suo definirsi non sarà altro che il pietrificarsi del volto e del gesto in maschera, in tante maschere in quante è moltiplicata la caleidoscopica esistenza degli individui, perché solo la forma, il travestimento, può essere visibile, mentre per colui che vuole manifestare il vero è pronto, come per Edipo, l'accecamento, la punizione dell'oscurità. Oppure, poiché lo «spazio allusivo» può essere «il solo spazio vero», la finzione finisce per inglobare la stessa realtà, e quindi per essere più vera della verità stessa, e chi pensava di potersi muovere con distacco nel 'gioco delle parti', finisce invece per essere un "personaggio in cerca d'autore"[16]. È stata questa la croce di Pirandello, il suo tormento per la scoperta e la denuncia della forma come inconsistenza[17].

Il cortocircuito presente nelle azioni sceniche pirandelliane, in cui si imbrigliano con pieno stridore coscienza e rappresentazione, teatro e vita, pare perciò trovare nella fenomenologia offerta dal tipo di radicamento del cattolicesimo siciliano, in quanto espressione di uno spirito religioso refrattario all'autentico messaggio cristiano, l'elemento da cui provengono il grottesco, il paradossale, quel senso di spaesamento e quel sentimento umoristico del contrario, e quindi l'insieme con cui si impianta e si articola un universo umano sospeso e disancorato nel suo agire, che caratterizza la disperata interrogazione pirandelliana sul senso dell'essere e delle cose. È perciò agli aspetti essenziali di questa religiosità che bisogna rivolgersi, per comprendere non solo la sofferenza e il dolore pirandelliano, la malefica radice da cui sorgono, ma anche il contesto sociale che li esprime.

---

15 Cfr. anche L. SCIASCIA, *Pirandello e il pirandellismo*, S. Sciascia, Caltanissetta-Roma, 1953

16 Vedi G. GIARRIZZO, *Introduzione* a G. AYMARD/G. GIARRIZZO (a cura di), *Storia d'Italia. Sicilia*, Einaudi, Torino, 1987, p. XXXII.

17 Da cui Sciascia cerca risolutamente di svincolarsi, senza mai decidersi a tagliare il suo legame profondo con Pirandello. Cfr. a questo proposito M. ONOFRI, *Storia di Sciascia*, Laterza, Roma-Bari, 1994, p. 37, *passim*.

Già in uno scritto pubblicato nel 1965, *Feste religiose in Sicilia*[18], che accompagnava una serie di foto scattate da Ferdinando Scianna, Sciascia imputava al sentire religioso siciliano la mancanza di interiorità e di trascendenza, facendo proprio il giudizio sul materialismo dei siciliani espresso da Giovanni Gentile[19]. Egli si è poi stupito di trovar conferma quasi letterale alle sue considerazioni in uno studio che Mons. Angelo Ficarra, vescovo di Patti, ma originario di Canicattì, aveva lasciato inedito e che casualmente era poi stato rinvenuto tra le sue carte[20].

Tempo dopo, ripercorrendo a ritroso l'idea che si era fatto della religiosità dei siciliani, Sciascia ancora ribadiva: «Nonché al cattolicesimo ho notato la refrattarietà quasi assoluta dei siciliani alla religione. E non senza rammarico: perché se i popoli religiosi sono capaci di fare le rivoluzioni religiose, sanno però anche dare il via a rivoluzioni civili»[21].

Per le considerazioni svolte a proposito di *Feste religiose in Sicilia* Sciascia si era servito, assumendolo come guida, di un prezioso

---

[18] Ora pubblicato in ID., *Opere (1956-1971)*, Bompiani, Milano, 1987.

[19] G. GENTILE, *Il tramonto della cultura siciliana*, Sansoni, Firenze, 1974.

[20] Anzi, fu lo stesso Sciascia protagonista di questa scoperta, come egli racconta nel suo *Dalla parte degli infedeli* (Sellerio, Palermo, 1979). In questo libretto è ricostruita la vicenda umana, politica e religiosa che si annoda attorno al testo di Ficarra, con una partecipazione di cui Sciascia si sorprese, se, come egli dice, ne scrisse «apologeticamente ed *ex abundantia cordis*: senza distacco, senza ironia, senza avversione» (*ibid.*, 77). Il testo di Ficarra è stato intanto pubblicato con il titolo *Le devozioni materiali. Psicologia popolare e vita religiosa in Sicilia*, La Zisa, Palermo, 1990.

[21] L. SCIASCIA, *La Sicilia come metafora*, Mondadori, Milano, 1984, p. 64 (1a. ed. 1979). Anche Titone, all'interno di un discorso storico più circostanziato, ha osservato: «Il cattolicesimo più che una fede poteva dirsi un costume, di cui si cercava in tutti i modi di fare qualcosa di molto di simile a uno spettacolo» (V. TITONE, *La società siciliana sotto gli spagnoli e le origini della questione meridionale*, Flaccovio, Palermo, 1978, p. 31). Vedute diverse vengono manifestate da rappresentanti ecclesiali, che invitano a cogliere nel siciliano «la saggezza di un popolo che nel sacro, per vie diverse, ha posto tutti gli altri valori esistenziali (beni economici, politica, idee, ecc.), popolo che ha saputo filtrare il comportamento religioso con appariscente fatalismo e apparente apatia non sempre definibili o fenomenicamente spiegabili» S. B. RANDAZZO, *Sicilianità. Subcultura, tradizioni, ethos e comportamenti, tendenzialità*, Edi Oftes, Palermo (?), 1986, pp. 168-169). Come si vede non vengono per questo taciute manifestazioni problematiche della religiosità siciliana, ma ad ogni modo si ritiene che essa «resta un valore e, in Sicilia, un valore vissuto» (*ibid.*, p. 169).

documento etnografico, *Le parità e le storie morali dei nostri villani*, opera del barone Serafino Amabile Guastella, pubblicata a Ragusa nel 1884[22]. Nella morale popolare che qui si trova vivacemente rappresentata attraverso i racconti dei contadini siciliani, e che si snocciola lungo una serie di vicende riguardanti detti e azioni esemplari dei santi, Sciascia scopre l'esistenza di uno spirito che stravolge completamente il cristianesimo, fino a disegnarsi dentro un orizzonte da cui risulta un «organico antivangelo», espressione di «una visione della vita così rigidamente e coerentemente in opposizione al messaggio evangelico» che difficilmente sarebbe possibile «trovarne nell'animo e nella cultura di altri popoli»[23]. Tra le „parità" o parabole riprodotte dal Guastella quella a cui Sciascia, non a caso, dedica più spazio è la vicenda di fra Illuminato, il quale, uomo santo e probo, da tutti venerato, dopo aver assistito ad un assassinio, e pronto a denunciarne il colpevole, incontra sul suo cammino alcuni personaggi, peraltro a lui devoti per il bene che ne avevano ricevuto, i quali invece lo sconsigliano aspramente di assicurare alla giustizia un uomo che era ricco e potente e che un giorno avrebbe anche giovato al suo convento. Non è che fra Illuminato si sia lasciato convincere da questo argomento di convenienza, ma, alla fine, di fronte alle ripetute insistenze, decide di arrendersi al comune sentire, lasciando che l'assassino rimanga impunito. Si comprende da questa storia come l'omertà costituisca un valore profondamente radicato, e non soltanto un comportamento opportunistico e occasionale[24].

---

[22] In edizione più recente nei tascabili Rizzoli, Milano, 1976.

[23] L. SCIASCIA, *Feste religiose in Sicilia*, cit., p. 1158.

[24] Diversa l'opinione di Pezzino che adotta un tipo di ragionamento di matrice piattamente razionalistica e pragmatica. «A spiegare la difficoltà a raccogliere testimonianze sui delitti si potrebbe chiamare in causa con maggiore utilità la paura della gente, che poco ha a che fare, credo, con la condivisione di atteggiamenti mafiosi e molto con la concreta possibilità di ritorsioni da parte degli accusati, dalle quali lo Stato era incapace di difendere i testimoni» (P. PEZZINO, *Per una critica dell'onore mafioso. Mafia e codici culturali dal sicilianismo agli scienziati sociali*, in G. FIUME (a cura di), *Onore e storia nelle società mediterranee*, La Luna, Palermo 1989, in seguito ripubblicato in P. PEZZINO, *Una certa reciprocità di favori. Mafia e modernizzazione violenta nella Sicilia postunitaria*, Angeli, Milano, 1990, p. 201). Si agirebbe così sempre per calcolo e per convenienza, secondo le opportunità dettate dalla circostanze, e non invece sulla base di orientamenti fatti propri anche interiormente. Per una testimonianza in questa senso si veda invece R. CANDIDA, *Questa mafia*, S. Sciascia, Caltanissetta-Roma, 1964[3], in part. pp. 38-41).

Ma ad ogni forma di sentire religioso è connesso un certo tipo di orizzonte morale. Se la religione siciliana ha effetti di passività e di resistenza rispetto ai valori civici, essa è ben lungi peraltro dal comportare indifferenza o rassegnazione rispetto alle sorti personali che interessano ogni individuo. Così l'idea che quello siciliano sia un popolo fatalista risulta esatta solo sul piano della mobilitazione sociale e della coscienza collettiva; ma per quanto riguarda il singolo o il gruppo di appartenenza, si è ben lontani dal credere nell'effettività di un destino ineluttabile, e che anzi non sia possibile, con il pregare e il raccomandarsi, mutare in proprio favore. L'universo degli accadimenti morali, storici, sociali, giuridici, perfino fisici, viene ad apparire allora fortemente improbabile nella sua univoca consistenza. Per spiegarsi le forme plateali assunte in Sicilia dalla corruzione, dal clientelismo, dall'assistenzialismo e dall'uso distorto del denaro e dell'amministrazione pubblica bisogna rifarsi ad una sorta di ontologia specificamente siciliana supportata da una visione sofistica del mondo, per cui non si dà una realtà univoca, ma «l'uomo è misura di tutte le cose». Si prendano ad esempio i casi dei falsi invalidi o dei falsi braccianti che percepivano illecitamente sussidi pubblici. Qui non si tratta soltanto di espedienti per sfuggire alla miseria o per procacciarsi in qualsiasi modo un reddito[25]. A parte l'assenza di una propensione all'agire economico in senso imprenditoriale o borghese, di cui diremo ancora più avanti, qui è in gioco anche una sorta di inconsistenza ontologica che sta alla base del modo siciliano di sentire, per cui le modalità dell'essere, del non essere e dell'apparire risultano sostanzialmente confuse, indistinte l'una dall'altra e sovrapponibili. Ciò che altrove è una volgare truffa, qui chiama in causa una filosofia dell'essere e dell'esistenza. Se lo Stato prevede dei sussidi di invalidità o di disoccupazione per determinate categorie, il non far parte di queste non costituisce per il siciliano motivo sufficiente per non poterne godere. Basterà soltanto far apparire ciò che non si è. Non farlo, significherebbe sprecare un'opportunità che le stesse leggi prevedono. Una tale falsificazione della propria condizione civile, sanitaria o sociale non è vissuta come un atto di disonestà, come non lo sono tutte le altre forme di

---

[25] Nella zona tra Palma e Licata per un certo tempo perfino, ed anzi soprattutto, le mogli di noti professionisti risultavano lavoratrici dei campi per poter usufruire dei sussidi di disoccupazione

illiceità, perché non è la norma ad essere violata, ma la realtà stessa ad essere forzata entro un altro stampo (il che, se agli effetti giuridici è la stessa cosa, non lo è dal punto di vista della rappresentazione di sé e dell'orizzonte mentale entro cui ci si muove), ammesso che a ciò che è reale si attribuisca un qualche valore, una sua consistenza inoppugnabile. Si tratta soltanto di rientrare nella casistica prevista dalla norma, attraverso una modificazione della propria identità che permetta di essere annoverati tra gli aventi diritto. L'essere in un modo o in un altro viene perciò percepito come del tutto occasionale ed inessenziale, se questa modificazione del proprio essere consente di accedere a dei vantaggi appositamente previsti dal legislatore. Questa trasposizione di status, d'altronde, è sancita da atti giuridici e amministrativi che rendono del tutto salva la regolarità formale come prevista dagli ordinamenti vigenti (ad esempio vi è la dichiarazione del medico e dei funzionari USL che certificano lo stato di invalidità). Il fatto perciò che si possa dare legalmente parvenza di vero a ciò che non lo è, costituisce un modo per mettersi la coscienza a posto, nella convinzione cioè che l'ordine formale del mondo non è stato violato. Il formalismo giuridico è fatto salvo, mentre è l'accertamento obiettivo, per il quale le leggi si affidano agli uomini, che risulta manomesso. Ma, a parte che qui si scontrano due forme di appartenenza, quella alla impersonalità delle leggi e alla sovranità dello Stato, e quella alla concreta, esistenziale, comunità degli amici, dei compaesani, dei parenti, portatori di istanze condivise e, per la percezione che se ne ha, più corpose, il funzionario che acconsente a fare carte false non vuole in tutta coscienza venire meno alle leggi, vuole soltanto fornir loro quella realtà cui esse già aspirano (poiché le leggi dapprima vivono solo in spirito e cercano, come le anime platoniche, i corpi entro cui incarnarsi). Egli non crede di doversi semplicemente conformare alle leggi, ma crede che sia necessario supportarle di quella realtà che è ad esse esterna; fornisce loro cioè quella materia per la quale esse sono create, anzi la suscita dal nulla. Opera magicamente sulla realtà, come lo stregone che modifica gli stati dell'essere, attraverso la sacralità degli atti di valore giuridico e amministrativo. Egli si guarderebbe bene dall'intervenire sull'inquadramento dell'ordine del reale predisposto dalle disposizioni normative, cerca soltanto di rendervi confacente il mondo dei fatti. È la costituzione empirica del mondo dunque ad essere manipolabile e non quella inerente all'ordinamento giuridico dato. E poiché il siciliano vive in una continua interposizione tra realtà e finzione, ecco allora che per essere (per rientrare cioè in una determinata categoria giuridicamente agevolata o sussidiata) è necessario soltanto far apparire. Si è di volta in volta quel che è necessario essere. Così le leggi risultano incapaci ad essere osservate, perché esse regolamentano un campo di fenomenicità, che si presuppone dato e di per sé esistente, il quale qui invece non è rinvenibile, perché si sposta continuamente in considerazione di ciò che esse prescrivono, cercando di sfruttarne solo i vantaggi e di fuggirne i divieti. La mobilità ontologica dei siciliani, che ha di per sé valenza metafisica ed esistenziale, viene qui allora messa a profitto per evitare di trovarsi nelle condizioni che la legge vieta. Così ad esempio se la legge fissa parametri restrittivi per l'edificazione di villini e parametri più ampi per l'edificazione di magazzini a scopi commerciali, sarà sufficiente far apparire che si ha intenzione di costruire un magazzino laddove poi invece sorgerà una villa con le dimensioni e la volumetria (a volte anche con lo „stile") previste per il magazzino. L'ordine fenomenico vive perciò come rappresentazione e come volontà, e se è tale risulta impossibile che esso venga sottoposto ad una regolamentazione giuridica. La forma della legge, lungi dal plasmare un determinato contenuto di per sé dato, sarà invece plasmata da un contenuto vischioso che si ridefinisce continuamente in base ad essa, non per lasciarsene penetrare, ma per sfuggirvi. Davanti alla sua presa, muta sembianza come Proteo per non farvisi ingabbiare, o meglio per rientrarvi con le forme richieste. Priva di ancoraggio ad una realtà certa, la legge non regolamenta più nulla. Il meccanismo delle leggi diventa puramente autoreferenziale, non trova un riscontro esterno cui applicarsi, se non quello sempre cangiante che lo trasfigura. Le leggi girano a vuoto, non afferrano nulla di quanto esse vorrebbero disciplinare, perché l'essere stesso vuole annullarsi nella finzione giuridica. Nel cortocircuito tra realtà e finzioni alle leggi manca il referente che dovrebbe essere oggetto della loro applicazione ed osservanza. Nella realtà siciliana succede come nel mondo infero dell'antica epopea, dove si incontrano le immagini dei morti che sembrano vive soltanto finché non si va loro incontro ad abbracciarle, per scoprire poi che esse sono solo delle vane parvenze. In questo caso, pirandellianamente, non si sa però se è vana ombra il diritto che cerca di far corpo con la realtà, o questa realtà che si sottrae, venendole incontro, al suo abbraccio.

Stando così le cose, non può risultare sorprendente che il principio di causalità si trovi fortemente scosso, che esso anzi non possa far presa. Non si riesce infatti ad assumere che tra due eventi possa stabilirsi un rapporto di successione definitiva e irreversibile. È l'arbitrio a determinare le sorti dell'universo e dell'umano agire. Per il siciliano è molto difficile credere che gli eventi si susseguano secondo un corso oggettivo, che essi abbiano una loro concatenazione necessaria come effetto del loro strutturarsi medesimo, indipendentemente dalle stesse volontà da cui hanno avuto origine e da cui quindi necessariamente si sono staccati per assumere una autonoma configurazione. Oppure gli risulta impossibile credere che vi siano volontà e atti determinanti i quali, sebbene siano perseguiti con piena intenzione, tuttavia risultano dettati da una norma o ragione superiore di cui non si può disporre a proprio capriccio e a cui anzi bisogna sottostare. Perciò non gli appare concepibile che, ad esempio, nel rivolgersi ad un funzionario egli abbia davanti il semplice esecutore di atti che travalicano la sua mera persona e che attende al suo ufficio per puro scrupolo di dovere, lontano da ogni inclinazione, interesse o accanimento particolari. Franchetti, nella sua celebre inchiesta, ricordava ancora con immutato sbigottimento, l'episodio in cui un funzionario, malgrado il fermo diniego opposto ad una richiesta palesemente illegale che gli era stata rivolta, si sia ancora sentito insistentemente pregare: «Lo faccia per amor mio!»[26]. Come se qualsiasi atto, sia pur esso di natura amministrativa, non possa essere imputato che alla stessa persona che lo esegue in quanto individuo concreto, come, cioè, se derivasse dalla sua propensione a favorire questi o quest'altro, per cui risulterebbe sempre in qualche modo orientabile.

Di questo stesso modo di vedere ci testimonia un divertente aneddoto raccolto da Pitré, «l'illustre demopsicologo» siciliano, come lo chiama Gentile[27], dove possiamo scorgere come, perfino nelle sue manifestazione più ingenue e generose, il siciliano, lungi dall'abbandonarsi all'idea che gli eventi seguano un proprio corso, è pronto invece a brigare per dar ad essi l'esito desiderato. Si tratta di un episodio capitato ad un cantastorie che racconta:

«Un giorno io ricordava come qualmente Rinaldo fosse stato messo in carcere, e Carlomagno l'avesse condannato a morte; mi si avvicina uno con le

---

[26] L FRANCHETTI, *Condizioni politiche e amministrative*, in L. FRANCHETTI/S. SONNINO, *Inchiesta in Sicilia*, cit., vol. I, p. 36.

[27] Se ne veda il ritratto affettuoso e partecipe dedicato a Pitré in G. GENTILE, *Il tramonto della cultura siciliana*, cit.

lacrime agli occhi, e mi dice: - Turiddu, per te c'è un carlino se tu liberi presto Rinaldo. - Ammirando tanta tenerezza per Rinaldo, io affrettai il racconto e feci scarcerare Rinaldo da Malagigi per mezzo della sua arte diabolica. Appena colui vide scarcerato Rinaldo, si alza e grida: - Viva Turiddu che ha scarcerato Rinaldo! Vai a farti friggere Carlomagno minchione! - Lascia il suo posto, e mi viene a regalare un carlino»[28].

E non solo. Perfino ciò che dovrebbe apparire del tutto evidentemente come inappellabile, cioè il giudizio che spetterà all'uomo dopo la sua morte, è sentito invece dal siciliano come non meno revocabile[29]. Di questo atteggiamento troviamo ancora testimonianza in un racconto popolare riportato dalla antropologa americana Gower Chapman. Questa volta si tratta della mamma di San Pietro, la quale sarebbe stata di tanta cattiveria in vita da meritare le pene dell'inferno. Essa però non cessava di lamentarsene col figlio, non perché si ritenesse vittima di un'ingiustizia, ma perché non riusciva a capacitarsi di come, essendo madre di un cotal rampollo, che si era aggiudicato un così alto scranno nella gerarchia celeste, le toccasse poi, come ad una qualsiasi mortale, subire una sorte tanto misera. Perciò esortava il figlio a mettere una buona parola presso il Padreterno perché ne modificasse la sentenza. E l'Onnipotente in effetti, sebbene non senza aver fissato determinate condizioni, finisce per accondiscendere. Le parole conclusive con le quali egli accetta di venire incontro alle raccomandazioni di San Pietro sono: «Vedi, Pietro, a tutto c'è rimedio!»[30].

---

[28] L'episodio è riportato in *ibid.*, p. 128. Il siciliano ingenuo che assiste agli spettacoli o ai misteri proietta dunque sulla finzione, quasi a produrre per impulso spontaneo un effetto di straniamento, l'attualità reale dei suoi modi di sentire e dei suoi criteri di azione. Una novella di Verga, *Il mistero*, ci parla di una rappresentazione sacra, „La fuga in Egitto". A un certo punto si vede compare Nanni che recita nella parte della Madonna, inseguito dai ladri che tentano che carpirgli il figlioletto. Il commento del pubblico quando vede che il personaggio si mette a scongiurare e implorare i malintenzionati è il seguente: «Compare Nanni fa il minchione perché è vestito da Maria Santissima. Se no li infilzerebbe tutti e due (i ladri, *ndr*) col coltello a serramanico che ci ha in tasca».

[29] «L'irrevocabilità delle pene infernali sta a disagio nell'intelletto del popolo e, non potendo discrederlo, cerca una scappatoia nell'intercessione dei Santi, o in una promessa di Gesù Cristo; e fa sì che per singolari eccezioni qualche dannato sia tratto alla visione di Dio» (S. A. GUASTELLA, *Le parità e le storie...*, cit., p. 103).

[30] C. GOWER CHAPMAN, *Milocca*, Cambridge (Mass.), 1971; trad. it., *Milocca. Un villaggio siciliano*, Angeli, Milano, 1985, pp. 230-231.

L'immagine che si ha di Dio corrisponde allora a quella di un potere capriccioso e arbitrario, dal quale dipendono le sorti dell'anima e dell'accadere fisico. Si può solo perorare l'intervento divino a proprio favore, cercare d'ingraziarselo con promesse ed offerte, ma è completamente assente l'idea che lo si possa conquistare con propria opera o che se ne possa meritare la grazia.

Qui in realtà il cosmo non è ancora ordinato sotto lo scettro di un'unica ed esclusiva potenza celeste, ed infiniti demoni, buoni o malvagi, si dividono ancora, spesso in contrasto e in competizione reciproca, il domino terreno e celeste. È con queste potenze demoniche che si è quotidianamente in contatto, alla cui influenza si è sottoposti, e il cui volere bisogna perciò accattivarsi. Da qui è nato quel culto dei santi in cui finiva per esaurirsi tutto il potenziale di devozione religiosa dei siciliani[31] (e a cui si accompagna l'attaccamento cieco rivolto alla Madonna, dotata, per certi versi, di poteri superiori a quelli dello stesso Creatore[32]). I santi si frappongono e schermano quel diverso rapporto del singolo con Dio che conferisce, nel contesto della incipiente modernità ancora non secolarizzata, autonomia morale all'uomo, e lo pungolano a sperare nella sua salvezza, sicché ne risultano destate nuove energie che lo portano, in quanto individuo e nella fierezza di dover contare solo su se stesso, ad operare fattivamente nel mondo.

---

[31] Anche Randazzo riconosce, spogliando però l'osservazione del suo contenuto problematico, che in Sicilia «la devozione dei santi Patroni assume più facilmente i limiti del magico» (S. B. RANDAZZO, *Sicilianità*, cit., p. 172).

[32] Spesso si tratta di «una Madonna nera, tipica del cattolicesimo a sfondo paganeggiante e misterico» (P. ZULLINO, *Guida ai misteri e ai piaceri di Palermo*, cit., p. 56). I viaggiatori europei del XVIII secolo, quasi tutti protestanti, «sono molto scandalizzati - nota H. Tuzet - dall'eccessiva importanza data al culto dei santi che, come in tutta l'Italia meridionale, si avvicina al politeismo» (H. TUZET, *Viaggiatori stranieri...*, cit., p. 322). Ecco, in particolare, quanto aveva osservato Houël: «Non c'è uno stagno, una fontana, una vigna, un boschetto che non abbia il suo santo protettore o la sua Madonna.... Quale che sia la disgrazia in cui incorrono, restano convinti che sarebbe stata ben più grave senza l'assistenza del santo... A lui va la loro riconoscenza; Dio, che essi dimenticano spesso, ha poca parte in tutto ciò... Dio e la Madonna, dicono, pensano a tutti mentre il nostro santo pensa solo per noi; e così ognuno parteggia per il suo. Quando tre o quattro persone si piccano di eloquenza si mettono a vantare il loro patrono, ognuno esalta il suo a spese dell'altro; dalle ragioni si arriva alle grida, dalle grida alle ingiurie, dalle ingiurie si passa alle mani...» (*ibid.*). Manca però, come si vede, a questi illuminati stranieri chiarezza del rapporto tra naturale e soprannaturale intrinseco del mondo magico di una volta.

Per l'universo morale siciliano valgono molte delle pur assai criticate osservazioni fatte da Banfield a proposito della mentalità dei „montenegresi"[33]. Qui, notava lo studioso americano, «l'azione umana

---

[33] Non stiamo qui a discutere se la categoria di «familismo amorale» sia congrua con l'oggetto di studio preso in esame dal ricercatore americano. Probabilmente non lo è, per via delle connotazioni valutative che essa comporta. Ma per quanto essa possa essere inadeguata, rimane comunque che Banfield porta alla luce una costellazione di fenomeni comportamentali e di atteggiamenti che denotano un forte attaccamento primario nei confronti dei legami personali e parentali e che lasciano invece in secondo piano altre forme di obbligazione. La cosa che rimane poco chiarita da parte di tutti, anche dei critici di Banfield cioè, è cosa poteva intendersi per "pubblico" nel contesto che qui viene esaminato, vale a dire di una società contadina di stampo tradizionale. Solo per il sovrapporsi di una società statuale più vasta, poi, il familismo si può considerare "amorale", cosa che invece non è in sé. Per i rilievi critici più significativi si veda lo stesso E. C. BANFIELD, *The Moral Basis of a Backword Society*, The Free Press, New York, 1958, nell'ed. it. *Le basi morali di una società arretrata*, Il Mulino, Bologna, 1976. Il libro di Putnam (*La tradizione civica nelle regioni italiane*, cit.), muovendo sulla base di nuove considerazioni e secondo un approccio di taglio più vasto, si pone sostanzialmente sulla stessa linea interpretativa di Banfield, che risulta invece fortemente contestata nel volume di F. P. CERASE (a cura di), *Dopo il familismo cosa?*, Angeli, Milano, 1990 (ed in particolare nel contributo ivi contenuto di A. DE COLOMBIS, *L'„invenzione" del familismo amorale*, in cui però la promessa di «sottoporre a verifica empirica la tesi di Banfield» non viene poi mantenuta se non rimandando a precedenti lavori dell'autore). Probabilmente, per molti è la prospettiva „culturalista" di Banfield a risultare indigesta, ma essa non è così assoluta quanto approssimativamente potrebbe sembrare. L'autore infatti si preoccupa di precisare che, senza voler tralasciare gli elementi di natura propriamente strutturale, che egli stesso d'altronde richiama (si veda p. 38), col rifarsi a motivi di ordine culturale egli intende soltanto mostrare come un determinato *ethos* possa costituire «un ostacolo fondamentale al progresso economico e al progresso in generale, e che dunque «la base morale di una società può venire utilmente considerata come fattore strategico o condizionante» (p. 175). Con ciò, si vuole contestare la veduta secondo cui «ovunque le condizioni tecniche e le risorse naturali lo permettano, sorgeranno rapidamente associazioni di carattere sia economico che politico [...], compariranno i capitali e le energie organizzative, e sorgeranno e si svilupperanno forme di organizzazione» (pp. 35-36). Questo è veramente molto ben detto e costituisce proprio il punto dirimente dell'intera faccenda di cui ci stiamo qui occupando. Ma è proprio questo assunto, che cioè non sono le disponibilità oggettive e le strutture a decidere come gli uomini agiranno, ma le intenzioni di agire a stabilire quali opportunità verranno create o utilizzate, che nell'ambito delle scienze sociali oggettivistiche non riesce a calare giù. Si crede generalmente che l'azione umana consista nell'adattarsi e nello sfruttare le condizioni date, non nel crearne di nuove. Insomma, è la messa in discussione del paradigma economicistico e sociologistico a dare fastidio.

La categoria di „familismo" pare ad ogni modo ormai acquisita nella letteratura scientifica, sebbene, molto spesso, non senza distinguo e prese di distanze dalle

appare come il risultato di forze che agiscono sull'individuo piuttosto che come la conseguenza di una data motivazione operante dentro di lui»[34]. Il comportamento individuale risulta sempre determinato esternamente. Nelle ragioni comportamentali che vengono addotte e percepite non può trovar luogo qui quel principio di imputazione per cui ognuno è responsabile dei propri atti e ne risponde singolarmente come di un prodotto della propria autonoma volontà, della propria capacità di scegliere e di determinarsi in un modo o in un altro[35]. Per questo è più facile pensare che le decisioni vincolanti siano sempre prese a capriccio, e quindi possano essere sempre oggetto di ripensamento.

Questo comporta, a sua volta, l'assenza di una norma interiore di condotta valida in sé e per sé, che l'individuo assume come principio del proprio operare, e a cui quindi possa connettere (e da cui anzi far discendere) l'idea di bene e di male. In questo modo ciò che manca è la nozione del dovere assunto in quanto tale, indipendentemente dai vantaggi o dagli svantaggi che al singolo, nel momento in cui se ne fa carico, possano derivarne. Il sentimento del dovere infatti (e tanto più quanto esso si mantiene in tutta la sua astrattezza come pura idealità) fa sì che l'individuo non veda più dipendere da poteri a lui esterni il movente delle sue azioni, ma decida invece autonomamente come comportarsi. E l'aver agito in base alla conformità al dovere sarà anche motivo di soddisfazione interiore.

La forma di 'patronato-protezione', di *patronage*, trova dunque già nella costituzione morale dei singoli il proprio radicamento[36]. Essa si

---

formulazioni di Banfield. Ne è un esempio a questo proposito la voce «Familismo» di Paul Ginsborg in ID. (a cura di), *Stato dell'Italia*, Il Saggiatore/Bruno Mondadori, Milano, 1994. Anche R. Brunetta (nel suo citato *Sud*) trova opportuno, in qualche rapido accenno, rifarsi a Banfield. Pezzino si spinge più oltre: pur rimproverando a Banfield «l'eccesso di carica interpretativa», gli riconosce di aver individuato il peso che hanno le «subculture» nei processi di trasformazione economico-sociale in senso moderno (P. PEZZINO, *Il paradiso abitato da diavoli*, cit., pp. 14-17).

[34] E. C. BANFIELD, *Le basi morali di una società arretrata*, cit., p. 153.

[35] Da qui, anche, l'idea che colpa e pena siano da riferire all'insieme di un gruppo di appartenenza, e non al singolo in quanto tale. Cfr. L. M. LOMBARDI SATRIANI/M. MELIGRANA, *Il ponte di San Giacomo. L'ideologia della morte nella società contadina del Sud*, Rizzoli, Milano, 1982, in part. cap. VII: «La vendetta e l'ideologia arcaica della morte».

[36] Sull'argomento si veda E. GELLNER/ G. WATERBURY (a cura di), *Patron and cliente in Mediterranean Society*, London, 1977; J. CHUBB, *Patronage,, Power and*

esprime inoltre, come è ormai chiaro, nella rappresentazione religiosa in un modo che, quando la vediamo operante nelle relazioni civili e politiche, a cui più siamo abituati, sembra difficile dire quale delle due sia soltanto una mera proiezione dell'altra, se lo sia cioè il modello celeste o la pratica terrena. In ogni caso, al rapporto di protezione e favore ricercato nell'ambito del potere corrisponde sul piano religioso l'idea per cui è sconveniente rivolgersi senz'altro a Domineddio, preferendo invece «giungere a lui attraverso l'intermediazione di un Santo patrono, che, essendo più di noi vicino a Dio, è in una posizione più efficace per persuaderlo ed ascoltare le nostre parole»[37].

Di particolare significato è infine il modo in cui la stessa vicenda di Cristo, cioè l'evento fondamentale della cristianità, la sua morte e passione, su cui si definiscono i parametri di coscienza dell'Occidente, la nuova idea di responsabilità morale dell'individuo in rapporto alla comunità, è invece sentita e interpretata in Sicilia.

In tutta la Sicilia, in ogni paese, l'arrivo della Settimana Santa mette in movimento tutto l'apparato scenico di rappresentazione della passione di Cristo. Qui allora «l'intreccio tra festa e teatro [...] si svela con la più straripante ed invasiva evidenza. Congiurano a tale effetto il gusto della dismisura proprio del carattere isolano; il tempo dell'evento, che è la primavera, stagione di metamorfosi; la natura stessa del rito, in cui, come in un cuntu dell'Opera dei Pupi, la zuffa del male col bene si combatte in termini di inganno, doglia, trionfo»[38]. Urgono allora e straripano i motivi degli antichi misteri, sebbene depurati con il cattolicesimo dalle più

Poverty in Southern Sicily. A Tales of Two Cities, Cambridge University Press, Cambridge, 1982; S. N. EISENSTADT/L. RONIGER, *Patrons, Clients and Friends. Interpersonal relations and the structure of trust in society*, Cambridge University Press, 1984; C. CLAPHAM (a cura di), *Private Patronage and Public Power*, Frances Pinter, London, 1982; V. E. PARSI, «La clientela. Per una tipologia dei legami personali in politica», in *Filosofia politica*, a. II, n. 2, dicembre 1988.

[37] J. BOISSEVAIN, «Patronage in Sicily», in *Man*, vol. I, n. 1, marzo 1966, cit. in A. BLOK, *The Mafia of a Sicilian Village (1860-1960)* Harper & Row Publishers, New York, 1974; trad. it., *La mafia di un villaggio siciliano (1860-1960)*, Einaudi, Torino, 1986, p. 208. Per una ricostruzione critica degli studi antropologici sul Mezzogiorno, suddivisi secondo le fasi segnate dal susseguirsi degli interessi e dei diversi motivi tematici di volta in volta predominanti lungo l'ultimo trentennio post bellico, si veda G. GIARRIZZO, «Mezzogiorno e civiltà contadina» [1980], in ID., *Mezzogiorno senza meridionalismo*, Marsilio, Venezia, 1992.

[38] G. BUFALINO, *La luce e il lutto*, cit., p. 34.

violente esplosioni orgiastiche; e sul racconto della morte e resurrezione del Dio cristiano, dell'agnello sacrificale immolatosi in espiazione dei peccati collettivi, a cui si trasferisce tutto il male compiuto e subito, perché esso venga finalmente posto al bando[39], si sovrappone «la metafora della terra in rigoglio dopo il letargo d'inverno, come in quel mito greco (ma altrettanto siciliano che greco) di Persefone rapita a Demetra e a lei restituita ogni anno al tempo delle rinascite vegetali»[40]. Così, nelle cerimonie siciliane il trascendente viene calato interamente nell'immanente, e Cristo si trova ad essere una figura in tutto e per tutto umanizzata, non diversa da coloro che mettono in scena ed assistono al dramma. Gli elementi che di questo dramma acquistano rilievo sono, nell'elenco di Sciascia, «il tradimento, l'assassinio, il dolore di una madre»[41]. Oltre agli aspetti mitico-rituali, infatti, nella festa si esprime anche una determinata visione della gerarchia sociale e dei rapporti di dominio che collima poi pienamente con i comportamenti praticati. La morte di Cristo viene interpretata come la vicenda di un uomo «tradito dal suo vicino, assassinato dalla legge»[42], di modo che nel rito della passione risultano sotto accusa anche le istituzioni civili e il potere[43]. L'effetto è quello di un misconoscimento della forza legale, a vantaggio naturalmente dei poteri particolari, che trovano con ciò perfino

---

[39] Cfr. a questo proposito l'interpretazione di R. GIRARD, *Le bouc émissaire*, Grasset, Paris, 1982; trad. it., *Il capro espiatorio*, Adelphi, Milano, 1987.

[40] G. BUFALINO, *La luce e il lutto*, cit., p. 34.

[41] L. SCIASCIA, *Feste religiose...*, cit., p. 1165.

[42] *Ibid.*

[43] La ricezione anche di altri momenti della storia sacra presenta connotazioni di questo tipo. Nella novella *Il mistero* di Verga, a cui ci siamo già rifatti, dove si rappresenta «La fuga in Egitto» troviamo delle singolari inversioni. I soldati di Erode che vogliono rapire Gesù sono *tout court* dei ladri. Viceversa, San Giuseppe inseguito da tali „ladri", fa venire in mente a Comare Filippa che assisteva alla rappresentazione, il giorno in cui suo marito, dopo aver ammazzato a colpi di zappa il vicino della vigna perché gli rubava i fichidindia, venne inseguito dai gendarmi che cercavano di arrestarlo. Quando poi questi lo raggiunsero a lei parve che «l'avevano ammanettato come Gesù all'orto». Se è vero che, come insegna Dostoevskij, anche nel cuore del più terribile omicida alberga la voce di Cristo, qui crimine e innocenza si sovrappongono senza il travaglio cristiano del bisogno di espiazione. La vita è già sufficientemente penosa, anzi è già un vero e proprio inferno, perché si debba espiare anche il delitto. Il potere che castiga è un agente della sofferenza cosmica a cui l'uomo è soggetto. Esso non è posto a causa del male, ma per aggiungere male al male.

religiosamente sancite le loro prerogative, quando non addirittura la stessa pretesa a farsi giustizia da sé - e non a caso protagonisti del 'venerdì santo' sono i notabili e poi, quando verrà il momento, gli *homines novi* di ascendenza mafiosa. Ciò considerato, non deve stupire che Momo Grasso, mafioso di Misilmeri, poteva interpretare ogni anno - sicuramente con sincera convinzione e tutto preso dal suo ruolo - la parte di Gesù nella rappresentazione della passione[44].

Nel modo in cui quindi il siciliano comprende e si rappresenta l'arresto, il processo e la condanna di Cristo, traspare il rifiuto di considerare legittimi l'operato, la funzione e il ruolo dei poteri pubblici. Agisce invece prepotentemente, qui ancora visibile sullo sfondo, l'idea che la società debba trovare la sua forma adeguata di regolazione attraverso rapporti particolari e diretti tra individui e gruppi basati su legami elettivi o di sangue, mentre l'autorità pubblica è screditata (o si riflette nel suo discredito), facendola passare per una forza che si regge unicamente sulla violenza, senza altra legittimazione. Paradossalmente allora la vicenda della crocifissione viene vissuta nell'immaginario simbolico collettivo[45] in funzione antagonistica al ruolo e alle pretese dell'autorità che si vuole sovrana. Se è così, il „sentire mafioso" troverebbe corrispondenza perfino nel modo di essere „cristiani" in Sicilia, e il rapporto tra Chiesa e mafia verrebbe ad essere più intricato e complesso rispetto alle occasionali complicità con cui esso di tanto in tanto si manifesta, per cui, di converso, tanto più significative dovranno apparire le iniziative antimafiose promosse dai cattolici.

Ma ciò che è ancora significativo nella ricezione siciliana della passione di Cristo è che, in realtà, la sua figura stessa passa qui in secondo piano, e il «vero dramma», tutto «terreno, carnale», diventa quello della Madonna Addolorata, sofferente, «chiusa nel manto nero della pena, trafitta, gemente»[46]. Ciò che penetra nel più profondo sentire siciliano è «lo strazio della madre offesa, il suo pianto carnale, mentre nasconde sotto lo scialle la faccia e si sente penetrare sette volte la spada

---

[44] Vedi H. HESS, *Mafia*, cit., p. 100.

[45] Per l'uso e le definizioni di questo concetto si rimanda a G. DURAND, *Structures anthropologique de l'imaginaires*, Bordas, Paris, 1969.

[46] L. SCIASCIA, *Feste religiose...*, cit., p. 1166.

nel cuore. È qui che vibra la più autentica partecipazione popolare alla festa»[47].

Certo, in tutto ciò, se ancora una volta si esprime la completa indisponibilità del siciliano ad imboccare la strada del trascendente, tuttavia, nella scelta di «una religiosità del venerdì santo, del mistero doloroso, della tragedia e della morte, più che non della Pasqua, del mistero di resurrezione, come più propriamente è nella liturgia e nella teologia cattolica»[48], traspare una certa propensione metafisica: la capacità di esperire la prossimità con il nulla, un sentimento radicato, che lo lacera interiormente ma a cui aderisce, «del male di vivere, dell'oscuro viscerale sgomento di fronte alla morte, del chiuso e perenne lutto dei viventi»[49]. Ed è forse in questa stessa esperienza metafisica del male, del

---

[47] G. BUFALINO, *La luce e il lutto*, cit., pp. 34-35. Tutta l'intensa e profonda partecipazione, la sublimazione corale dei sentimenti del popolo nella rappresentazione della passione, si appunta sulla straziante *via crucis* nel modo in cui essa viene accompagnata dalla madre. Così la „lamintanza" in occasione del Venerdì Santo canta le peregrinazioni della Madonna in cerca del figlio, mentre a questi è assegnata una parte secondaria, che lo vede immobilizzato nelle mani dei carnefici. Cfr. A. SINDONI, *Dal riformismo assolutistico al cattolicesimo sociale*, vol. I: «Il tramonto dell'antico regime in un'area centrale della Sicilia», Studium, Roma, 1974, pp. 72-73. Sindoni riporta in nota anche il testo della „lamintanza" che però si può ascoltare in incisione cantata dalla bella voce di Rosa Balistreri.

[48] *Ibid.*, p. 74.

[49] L. SCIASCIA, *Feste religiose...*, cit., p. 1160. Nella cultura tradizionale siciliana la morte costituisce una presenza costante come parte integrante dello stesso universo di vita. Di fronte a questa «familiarità con la morte» esibita dai siciliani, nota Hélène Tuzet, i viaggiatori europei del '700 rimangono agghiacciati. Ma, ella osserva a questo proposito, «non sono essi più filosofi, nel senso più profondo del termine», di Bartels, il tedesco protestante, il quale si stupisce del connubio che qui regna tra culto dei piaceri e culto della morte? (H. TUZET, *Viaggiatori stranieri...*, cit., p. 308). L'inclinazione epicurea propria dei siciliani non rimuove la morte, e se pure la addomestica come spettacolo, ne lascia però intatto il suo orrore. Tra i diversi aspetti dell'universo culturale siciliano classificati dalla Tuzet sulla scorta delle testimonianze di viaggio esaminate, nulla ci viene detto a proposito di una credenza di vita oltre la morte. Bisogna presumere allora che essa si trovi ingigantita perché concepita nella sua valenza tutta terrena? Per avere dei modelli di raffronto sul modo di rapportarsi alla morte e sulle differenti strategie di addomesticamento di essa nell'ambito della civiltà cristiana cfr. Ph. ARIÈS, *L'homme devant la mort*, Edition du Seuil, Paris, 1977; trad. it. *L'uomo e la morte dal Medioevo ad oggi*, Laterza, Bari-Roma, 1984.

tutto a-teologica, che va ricercata la sua refrattarietà all'ordine politico e all'autorità[50].

2. I presupposti teologici dello Stato moderno.

Non vi è idea di società, di potere, di rapporti civili e di giustizia che non abbia come presupposto una concezione sulla natura morale dell'uomo[51]. Nei loro valori e nei loro comportamenti i siciliani mostrano intendimenti ben diversi da quelli che, tramite il protestantesimo, hanno permeato la società moderna. Lo stesso Sciascia sottolinea le conseguenze socialmente negative dovute sostanzialmente ad una inguaribile ed insuperabile «irreligiosità dei siciliani [mossa] da un fondo invincibilmente scettico», tale da far portare loro indifferentemente una candela a San Michele e l'altra al suo serpente. Con amarezza uno scrittore laico come Sciascia, e per nulla tenero con i preti, è portato a constatare che non si riescono a «riconoscere religiose inquietudini nell'animo dei siciliani»[52] - sebbene poi essi usino il termine "cristiano" come sinonimo di persona o essere umano (si dice per esempio "quel cristiano" per dire semplicemente "quell'uomo", come se non si potesse essere uomini, appartenere all'umanità, senza essere cristiani), e sebbene essi attribuiscano un valore indiscusso alla Chiesa come incarnazione dell'unica forma di religione possibile (*extra Ecclesiam nulla salus*, si potrebbe dire a proposito dei siciliani, se effettivamente vi fosse una credenza di salvezza).

---

[50] E non solo. Anche la sua mancanza di stimoli ad un'attività metodica e sistematica, razionale, di arricchimento, trova qui la sua radice. «La malinconia del siciliano, il suo pessimismo perpetuo, la taciturnità, il dolore dell'esistenza sono di quelle forze che smorzano il fiato per un'attività agile e spregiudicata, che impediscono quasi di essere pronti a cogliere il momento: sono le catene che costringono mani e piedi all'inazione». (S. AGLIANÒ, *Che cos'è questa Sicilia*, Sellerio, Palermo, 1996, p. 119).

[51] «Ogni idea politica prende una certa posizione nei confronti della „natura" dell'uomo e presuppone che esso sia „per natura buono" o „per natura cattivo"» (C. SCHMITT, *Politische Theologie. Vier Kapitel zur Lehre von der Souveränität*, Duncker & Humblot, München-Leipzig, 1934[2]; trad. it. «Teologia politica: quattro capitoli sulla dottrina della sovranità», in ID., *Le categorie del 'politico'*, Il Mulino, Bologna, 1972, p. 77.

[52] L. SCIASCIA, *Feste religiose...*, cit., p. 1157-1158.

Ora, mentre nei siciliani vi è addirittura la tendenza a negare «una divisione netta tra il diavolo e le potenze del bene» e, «se non fosse per il fatto che pone in risalto la santità degli esseri celesti, il diavolo occuperebbe un posto irrilevante nel loro pensiero»[53], per Lutero invece la condizione dell'uomo è segnata innanzitutto dal peccato e con esso dalla prossimità al male da cui non può sfuggire. Ma proprio per questa incapacità dell'uomo a compiere il bene nel mondo, a reggersi secondo il dettato morale che impone la virtù, ad attenersi ai comandamenti divini, ed anzi per la sua inclinazione a lasciarsi trascinare dalle sue passioni e dalle inclinazioni peggiori, è necessario che vi sia un'autorità mondana che impedisca al male di imporsi. L'ordinamento civile moderno trae origine dalla cupa rappresentazione dell'uomo come creatura inesorabilmente posseduta dal male. Ed è anche per questo che nei paesi protestanti non ci si fa nessuno scrupolo a compiere il male tutte le volte che la legge non lo vieta o che è possibile farlo senza incappare nei rigori della legge. Il rispetto della legge però viene considerato indispensabile, pena la caduta in uno stato di *bellum omnium contra omnes*. Qui è allo Stato che spetta di evitare la caduta nel male a cui tutti gli uomini inevitabilmente tendono. Nelle culture non protestanti, invece, la moralità è un fatto riguardante i rapporti personali: mantenere le promesse, per esempio, attenersi alla parola data, mantenere vincoli di amicizia, di fedeltà, rispetto personale, ecc., sono considerati valori che si impongono da sé, senza il bisogno di un garante esterno. Poiché è la moralità dei rapporti personali quello che conta, l'immoralità dei rapporti pubblici invece non viene ritenuta particolarmente grave. Lo Stato esercita potere, gli amici elargiscono favori. L'ideale è perciò quello di avere uno Stato amico, cioè uno Stato pervaso di „moralità privata" e non di „moralità pubblica". E se questo non è possibile (l'avere cioè lo "Stato amico"), allora si può sempre cercare di avere almeno un amico nello Stato.

Compito dello Stato, invece, nella cultura protestante, è quello di arginare il male, e pertanto, la potestà terrena non è stata istituita per perseguire intenzioni misericordiose, ma per essere «severa, implacabile ed adirata nell'ufficio e nell'opera sua. I suoi attributi non sono già un

---

[53] C. G. CHAPMAN, *Milocca*, cit.

rosario o un fiorellino d'amore, ma una spada nuda»[54]. Essa è «strumento dell'ira del Signore contro i malvagi, vero e proprio predecessore dell'inferno e della morte eterna»[55]. A questo proposito Lutero insiste che non bisogna confondere lo spirituale con il corporale: il suo realismo, radicale al punto da poterlo accostare al pessimismo antropologico di Machiavelli[56], gli suggerisce di tenere ben distinti il «regno di Dio», che è un «regno di grazia e di misericordia», dal «regno della terra», che invece «è un regno di ira e di severità, perché non sa che punire, vietare, giudicare e condannare»[57].

Concependo le funzioni del potere in un ambito staccato da quello proprio del regno spirituale, troviamo poi già in Lutero almeno una premonizione - giacché persiste ancora il guscio teologico - della moderna autonomizzazione del diritto, che si lascia alle spalle il suo ancoraggio alle esigenze di giustizia e di ragione adottate in quanto postulati di valore, per approdare ad un senso tutto positivo della produzione di norme, in quanto poste unicamente dall'autorità politica, senz'altra necessità di giustificazione in base a più alti motivi ideali («la giustizia terrena - nota Marcuse a proposito di Lutero - è ricondotta al potere degli uomini»[58]). Per Lutero infatti il carattere cristiano dell'autorità è dato dal suo stesso esserci, dalle funzioni (negative) che

---

[54] M. LUTERO, *Wider die räuberischen und mörderischen Rotten der Bauern* [1525], in ID., *Werke*, Klotz/Vandenhoeck & Ruprecht, Stuttgart/Göttingen, 1967, vol. 7; trad. it., *Sulla guerra dei contadini*, in ID., *Scritti politici*, Utet, Torino, 1949, p. 551. Questo serve anche a capire come un paese democratico e protestante come l'America possa applicare la mano dura per reprimere il delitto e ricorrere alla guerra per colpire il terrorismo internazionale.

[55] *Ibid.*

[56] Cfr. E. MASSA, «Egidio da Viterbo, Machiavelli, Lutero e il pessimismo cristiano», in *Archivio di filosofia*, Padova, 1949; G. PREZZOLINI, *Cristo e/o Machiavelli. Assaggi sopra il pessimismo cristiano di Sant'Agostino e il pessimismo naturalistico di Machiavelli*, Rusconi, Milano, 1971; H. J. DIESNER, «Luther und Machiavelli», in *Theologische Literaturzeitung*, 8 (1983).

[57] M. LUTERO, *Sulla guerra dei contadini*, cit. p. 510. Sulla dottrina luterana dei due regni si veda M. DIESSELHORST, *Zur Zwei-Reiche-Lehre Martin Luthers*, in G. DILCHER/I. STAFF, *Christentum und modernes Recht*, Suhrkamp, Frankfurt a. M., 1984.

[58] H. MARCUSE, *Studien über Autorität und Familie*, in ID., *Ideen zu einer kritischen Theorie der Gesellschaft*, Suhrkamp, Frankfurt a. M., 1969; trad. it., *L'autorità e la famiglia*, Einaudi, Torino, 1970, p. 32.

essa esercita contro il dilagare del male, e non per il compito di realizzare particolari dettati divini o addirittura di attuare il regno di Dio sulla terra (da qui le impietose critiche di Ernst Bloch, che vede con ciò tradite le istanze millenaristiche e rivoluzionarie del cristianesimo[59]). Ove l'autorità risultasse scossa nel suo ufficio, indebolita, stornata dai suoi compiti, messa in forse, allora riprenderebbe il sopravvento quello stato di natura che per Lutero, come più tardi per Hobbes, non è altro che uno stato di guerra tra gli individui, il *bellum omnium contra omnes*. Ove infatti il potere pubblico si trovasse nell'impossibilità di disciplinare gli individui con le sue leggi, ove i suoi comandi venissero disertati impunemente; quando esso venisse a perdere il suo connotato di sovranità, e si trovasse trascinato nel vortice delle violenze private come un potere tra gli altri, allora «non potrebbero più rimanere al mondo né potestà, né autorità, né ordine, né diritto, ma solo delitto e sangue»[60], impererebbe lo stato di totale perdizione, e si affermerebbero la discordia, la precarietà, l'oppressione, la prepotenza, l'ingiustizia. Ma chi vorrebbe vivere in un mondo così? Ed anzi (e pare già di sentire Hobbes) chi potrebbe restare in vita? Perciò, asserisce risolutamente Lutero, «l'ira e la severità della spada sono altrettanto necessarie quanto il mangiare e il bere: anzi quanto la vita medesima»[61].

L'uso della forza allora non rende arbitrario il potere politico, anzi la sua autorità si eleva al di sopra dei molteplici poteri presenti nella società, in lotta per la loro affermazione. Dove essa è istituita, questi devono tacere. Nel momento in cui la legge s'impone, i poteri che non provengono da essa scadono a poteri privati, le cui pretese di comando e coercizione diventano atti criminali. Da un punto di vista originariamente teologico (non estraneo allo stesso Hobbes, peraltro, anche se all'interno di un quadro categoriale modificato), il delitto di chi si oppone all'opera di disciplinamento sociale da parte dell'autorità non consiste in altro che nella volontà perversa di ostinarsi a rimanere in quello stato di natura, caratterizzato dalla continua lotta reciproca e senza scampo, che coincide con la stessa condizione di peccaminosità dell'uomo. Opporre la propria

---

[59] Si veda E. BLOCH, *Thomas Münzer als Theologe der Revolution*, Suhrkamp, Frankfurt a. M., 1962; trad. it., *Thomas Münzer teologo della rivoluzione*, Feltrinelli, Milano, 1980.

[60] M. LUTERO, *Sulla guerra dei contadini*, cit., p. 455.

[61] *Ibid.*, p. 514.

forza a quella dell'autorità istituita non è più tanto, in ambito protestante, un reato di *laesa maiestatis*, quanto, ancor più gravemente, manifestazione di una ostinata volontà che, con il rifiuto di porre riparo ad una condizione naturale depravata, mette a repentaglio le prospettive di salvezza, e condanna l'umanità, in una perpetuazione dello stato di guerra generale, a sottostare al dominio del male. La potenza pubblica dunque non è altro che la risposta all'opera della malvagità sul terreno che questa stessa ha imposto, ma grazie a cui il male si ritorce contro se stesso.

Tuttavia vi è ancora un altro tipo di giustificazione teologica che rende il potere pubblico, perfino quando esso adopera la violenza, qualcosa di costitutivamente diverso da ogni altro potere privato. Le funzioni pubbliche infatti rivestono carattere di ufficio, e sono del tutto sganciate dalla persona di chi le ricopre, garantendo in questo modo dal pericolo che esse possano configurarsi come strumento di arbitrio personale. L'idea di ufficio, come ambito separato dall'agire privato, così determinante per il costituirsi della moderna figura del funzionario, è chiaramente riscontrabile già nella proposta di organizzazione della comunità cristiana avanzata da Lutero, centrata sul compito e sui ruoli e non sulla persona. Qualcuno poi farà il passo più lungo, estendendola dall'ambito del culto alla sfera più propriamente politica (dai calvinisti ginevrini, i quali fecero derivare più direttamente il loro ideale di Stato dalla «nuove formazioni [aggregative in cui] la cellula centrale era data dalla costituzione presbiteriale e sinodale della Chiesa riformata col suo sistema rappresentativo»[62], ai puritani inglesi e americani[63]). Proponendo l'idea del sacerdozio universale, venendo ad aggredire in prima istanza la rigida distinzione tra stato laicale ed ecclesiastico, Lutero avvia una nuova prospettiva per cui criterio di differenziazione sociale non sarà più lo „stato" o il rango, e neppure la condizione di fatto imposta come privilegio, carisma o pretesa al possesso di attributi speciali, naturali o

---

[62] E. TROELTSCH, *Die Bedeutung des Protestantismus für die Entstehung der modernen Welt*, München-Berlin, 1911; trad. it., *Il Protestantesimo nella formazione del mondo moderno*, La Nuova Italia, Firenze, 1968, p. 60.

[63] Sul rapporto tra puritanesimo e sistema rappresentativo in Inghilterra e negli Stati Uniti si veda G. BOUCHARD, *Puritanesimo e democrazia in America*, Claudiana, Torino, 1994)

soprannaturali, bensì unicamente la funzione[64]. In un certo senso si trova già qui l'idea che la società (ovvero, come ancora si dice, la comunità cristiana) si articoli secondo un criterio di distinzione e di differenziazione che abbia carattere esclusivamente funzionale. Il ministro del culto in sostanza copre la sua funzione ed esercita la sua opera non diversamente dall'autorità civile che detiene la spada o dal sarto, dal contadino ecc., ognuno con il proprio compito, con la propria prestazione da rendere. «Il servizio della comunità cristiana è dunque la sola caratteristica che distingue, nella fondamentale identità, il ministero spirituale dagli altri servizi. E quale è la sua natura, tale è la sua origine: il ministero sorge dalla comunità, per la sua iniziativa ed autorità»[65].

Inoltre, quando Lutero pone come compito dell'autorità terrena quello di «proteggere i buoni e punire i malvagi», egli con ciò ha in mente una funzione la quale, poiché è richiesta da Dio, la rende sovrapersonale, e quindi al riparo dall'arbitrio dei prìncipi. Al di sopra di loro, infatti, e malgrado la loro tendenza a seguire il proprio tornaconto,[66] si fa valere l'alto ufficio riposto nella spada secolare di essere «essa pure parte della cristianità, sacerdote come noi, spirituale come noi, con uguale potestà in tutte le cose», il cui compito e la cui opera, «che da Dio le sono dati sopra chiunque, devono procedere liberi là dove sia utile e necessario»[67]. Da qui il forte senso dell'autorità

---

[64] Sono evidenti, a questo proposito, gli influssi del luteranesimo nella concezione giuridica (oltre che morale) kantiana . Kant scrive infatti, in perfetta sintonia con quel che intendeva Lutero: «Per quel che riguarda la *nobiltà d'ufficio* (come ad esempio si potrebbe denominare il grado di un'alta magistratura, il quale si deve acquistare per merito), essa non aderisce alla persona come sua proprietà, ma alla carica, e l'uguaglianza non ne viene violata poiché, quando quella persona si dimette dall'ufficio, depone al contempo il grado e rientra nel popolo» (I. KANT, *Zum ewigen Frieden. Ein philosophischer Einwurf* [1795], in ID. *Werke*, vol. XI, Frankfurt a. M., 1968; trad. it., *Per la pace perpetua. Un progetto filosofico*, in ID., *Stato di diritto e società civile*, Editori Riuniti, Roma, 1982, p. 182).

[65] G. MIEGGE, *Lutero giovane*, Feltrinelli, Milano, 1977, p. 327.

[66] Avverte Lutero, «se il magistrato permette che i suoi sentimenti personali entrino in giuoco, allora è il diavolo in persona. [A lui è imposto di agire] secondo le norme, ma non di approfittare del suo ufficio» (vedi R. H. BAINTON, *Here I stand. A life of Martin Luther*, Abingdon-Cokesbury, New York-Nashville, 1950; trad. it., *Lutero*, Einaudi, Torino, 1960, p. 206).

[67] M LUTERO, *Alla nobiltà cristiana della nazione tedesca*, in ID., *Scritti politici*, cit., p. 140-141.

manifestato da Lutero[68], e trasmesso ai tedeschi lungo secoli di educazione religiosa, il quale man mano si è enucleato secondo il suo principio originario che voleva non tanto una sottomissione cieca alla persona privata del principe, al suo potere personale[69], quanto all'ufficio divino che essa è chiamata a svolgere, indipendentemente dagli atti e dalla volontà privata di colui che è chiamato ad occuparne il posto. Ma giacché tra potere secolare e potere spirituale deve esserci omologia funzionale (ed anzi ognuno di noi, dice Lutero, è sacerdote nella sua sfera, inaugurando così l'idea della sacralità della professione, qualunque essa sia, e con ciò diluendo il sacro nell'ordine stesso della quotidianità), allora anche l'autorità politica è posta non «perché ricercasse il proprio tornaconto e il proprio capriccio, ma per procacciare ai sudditi ciò che è utile e giovevole»[70]. Con ciò si traspone l'antica *pietas* religiosa di valore ultramondano nel nuovo culto dell'amministrazione civile e del servizio di valore tutto terreno (quella sostituzione della *administration des choses* al potere personale del principe o dell'imperatore, che accomuna, per quanto strano possa suonare, liberalismo, prussianesimo, sansimonismo e marxismo[71], ma la cui idea poté nascere solo su questo fondamento religioso). Così permeato della morale d'ufficio, depurato del suo carattere privato, il detentore della carica pubblica si avvia ad essere quindi nient'altro che un funzionario della cosa pubblica. Il

---

[68] «Dio vuole temuta ed onorata l'autorità», egli dice (M. LUTERO, *Sulla guerra dei contadini*, cit., p. 483.

[69] Benché il conservatorismo prussiano non sarebbe comprensibile senza lo spirito luterano che lo modellò, «non bisogna tuttavia dimenticare a tale riguardo che la „grazia di Dio" del luteranesimo primitivo si applicava non soltanto ai prìncipi, ma anche ai magistrato delle libere città imperiali» (E. TROELTSCH, *Il Protestantesimo* ..., cit., p. 59.

[70] M. LUTERO, *Sulla guerra dei contadini*, cit., p. 450.

[71] Perfino l'idea weberiana della legalità come fondamento di legittimità del potere burocratico-razionale non è priva di connessioni con il sottofondo luterano dell'autore. Kelsen, in cui si esplicita la veduta liberale classica aggiornata con le moderne istanze democratiche, espunge qualsiasi riferimento personalistico nella visione dello Stato e fa dell'ordinamento giuridico un'entità da se stessa posta. Federico il Grande, il fondatore dello Stato prussiano moderno, amava definirsi, come è noto «il primo servitore dello Stato». Spengler pone in stretta relazione „prussianesimo e socialismo" nell'opera che ne porta anche il titolo. Il comunismo mira all'estinzione dello Stato, radicalizzando la formula sansimoniana dell'autoamministrazione della società, con l'espunzione del politico, come pura amministrazione senza conflitti della ricchezza sociale comunemente prodotta dai lavoratori liberamente associati.

96

protestantesimo, pertanto, «ha insegnato a considerare gli uffici politici come immediato servizio divino», ha contribuito alla formazione dell'idea del carattere sovrano dello Stato, conferito «al corpo dei funzionari statali, che andava formandosi, la veste di una mansione ordinata da Dio, che partecipa all'esercizio della volontà divina, e quindi comunica un valore etico alla nuova amministrazione accentrata»[72].

È su questi presupposti che si profila la prospettiva della saldatura tra autorità e cittadini, tra dimensione pubblica e vita privata, per cui lo Stato, come regolatore dei rapporti esterni (della sfera corporale, direbbero Lutero, Calvino e con loro lo stesso Hobbes), è posto ad assicurare quell'ordine civile necessario affinché gli individui possano perseguire i loro fini privati nel rispetto delle esigenze pubbliche. Non può esserci infatti sfera privata se prima, a garanzia di essa, non si sia posta un'autorità pubblica che definisca lo spazio d'azione degli individui, regolandolo, delimitandolo e vigilando a che la libertà dell'uno non si ponga a discapito dell'altro. Riconosciuta in questa funzione, l'autorità si vede obbedita allora non più solo per il timore delle sanzioni che essa commina, ma anche per autonomo riconoscimento da parte dei governati (abbiamo con ciò quella che Elias chiama interiorizzazione

---

[72] E. TROELTSCH, *Il Protestantesimo ...*, cit., pp. 56-57. Queste considerazioni, che hanno valore esclusivamente storico-genetico, e non pretendono che si debba incominciare con il trapiantare una cultura protestante prima di pervenire alla costruzione di una moderna amministrazione razionale, non possono però essere del tutto tralasciate quando si tratta di spiegare, assieme ad altre cause, come mai nel regno borbonico, malgrado «la fama di probità goduta da alcuni vecchi amministratori e funzionari [fosse] quasi certamente meritata», d'altra parte, in linea principale, «lo zelo e l'efficienza erano del tutto sconosciuti», mentre si assommavano, da un lato, «la totale carenza di conoscenze tecniche» e «l'ignoranza» che caratterizzavano il vertice dello Stato e, dall'altro, la «corruzione [che proveniva] dai gradini più bassi della gerarchia» (J. A. DAVIS, *Società e imprenditori nel regno borbonico 1815/1860*, Laterza, Roma-Bari, 1979, pp. 254-255). Si potrebbe poi obiettare che quello di derivazione protestante non è l'unico modello di amministrazione razionale storicamente affermatosi, tant'è che il Mezzogiorno guardava a quello francese, per cui, se la religione detiene un posto così determinante, nemmeno il cattolicesimo è stato da meno nel dare il suo contributo. Una tale obiezione però cade qui del tutto fuori luogo, perché non ci interessa stabilire dei primati. Si vuole sostenere soltanto qualcosa di più semplice, e cioè che senza un forte retroterra religioso non poteva nascere l'idea dell'uomo di Stato o del funzionario come servitore, la passione per la competenza (che di per sé, nella dedizione con cui si acquista, ha qualcosa di sacerdotale), l'orientamento razionale all'attività economica di impresa, e nessuno si sarebbe messo a fare l'imprenditore così come noi lo conosciamo oggi.

delle norme del potere). Le norme poste dall'autorità, precisa Kant, vanno sentite come proprie, in quanto esse, per il loro carattere di universalità, sono emanate come se scaturissero dal consenso e dalla volontà manifesta di ognuno, di coloro stessi cioè che le debbono seguire e praticare[73]. In corrispondenza alla dottrina della *sola fides*, per cui il foro interiore dell'individuo, la sua intimità, viene a porsi come il centro dinamico dell'esperienza religiosa, in relazione dunque al fatto che la nuova religione riformata esalta il ruolo della coscienza e della autonoma convinzione, l'autorità non va obbedita soltanto, e cioè passivamente, ma anche sostenuta direttamente. Così ognuno è portato a sentirsi responsabile dell'efficacia con cui il potere politico regola la convivenza umana e civile[74].

Sulla base, dunque, della premessa teologica dello stato di peccaminosità dell'uomo, poté nascere nel mondo protestante l'idea di un potere pubblico come forza correttiva della naturale tendenza al male che caratterizza gli uomini. Da qui in poi l'autorità però poté divenire anche, man mano, il luogo in cui si fissa consensualmente la rete di norme e regole attraverso cui gli individui accettano di trascendere i loro

---

[73] Il legislatore, scrive Kant, è obbligato «a far leggi come se esse avessero potuto derivare dalla volontà comune di tutto un popolo e di considerare ogni suddito, in quanto vuole essere cittadino, come se egli avesse dato il suo consenso ad una tale volontà. Questa infatti è la pietra di paragone della legittimità di ogni qualsiasi legge pubblica» (I. KANT, *Über den Gemeinspruch: das mag in der Theorie richitg sein, taugt aber nicht für die Praxis*[1793], in ID., *Werke*, vol. XI, Suhrkamp, Frankfurt a. M., 1968; trad. it., *Sul detto comune: „ciò può esser giusto in teoria, ma non vale per la prassi"*, in ID., *Stato di diritto e società civile*, cit., p. 160.

[74] In Italia invece si attribuisce per lo più la debolezza dello Stato, le sue inefficienze, solo allo stesso apparato pubblico, e non anche ai cittadini che lo esprimono. Siamo sicuri che il fallimento dello Stato a proposito della questione meridionale sia da attribuire solo ai suoi limiti e non anche, e soprattutto, al modo in cui dal basso, dalla stessa società civile, si è guardato allo Stato? (Una netta presa di posizione in questo senso è stata assunta da E. GALLI DELLA LOGGIA, *L'identità italiana*, Il Mulino, Bologna, 1998). Bisogna perciò che il Mezzogiorno sia considerato come un soggetto con sue caratteristiche specifiche, senza cercare di spiegarne le insufficienze rifacendosi a fattori esogeni, come ancora propone Bevilacqua quando scrive: «Il Mezzogiorno è dunque oggi, per lo meno sul piano del costume politico, dell'espressione dello spirito pubblico, quello che il sistema politico italiano ha voluto che fosse, o quanto meno ha finito col far diventare» (P. BEVILACQUA, *Breve storia dell'Italia meridionale*, cit., p. XVI). Come se il Mezzogiorno non fosse parte integrante del sistema politico italiano e non avesse contribuito esso stesso, in maniera decisiva, a plasmarlo.

egoismi, o meglio, di indirizzarli a scopi socialmente utili. In questo modo è sorto un ordinamento civile che è nello stesso tempo (sia singolarmente voluto o no) una condizione etica di vita, in quanto si rinuncia alle pretese di dominio e si entra in uno stato di universale dipendenza di tutti, basato sulle pacifiche pratiche economiche di produzione e di scambio. Con ciò non è che gli uomini siano divenuti più buoni, o che la loro natura sia mutata, ma semplicemente si sono sottoposti alle regole del lavoro sociale, non trovando più altra strada per dare seguito alle loro istanze perverse - avidità, ambizione, superbia, infingardaggine, furbizia, inaffidabilità e così via -, se non servendosi reciprocamente e aggiogandosi al pesante carro delle attività quotidiane che senza sosta richiedono di essere portate avanti.

In questo modo, non a caso, sono venuti a porsi accanto Stato ed economia, autorità e lavoro, amministrazione pubblica e attività economica privata, poiché essi costituiscono, in un rapporto di stretta interazione, le forme di moralizzazione del mondo moderno - se non la redenzione, il riparo dallo stato di natura corrotto, se non un emendarsi, quanto meno un sistema per fronteggiare l'inguaribile perversità umana. Guardiamo dunque ora al valore morale che assume l'orizzonte economico per i moderni, per accorgerci come anche a tal proposito la Sicilia si sia posta in posizione di scarto.

3. Il significato etico dell'attività economica moderna.

Ancora in un libretto di Sciascia, teso alla ricerca del contenuto sostanziale e dello spirito originario di antiche e radicate espressioni popolari[75], affiora alla fine il ricordo affettuoso dell'omonimo zio Leonardo, il quale, spregiatore di ogni conformismo fino alle più scanzonate manifestazioni, nella «sua filosofia, di cui faceva a tutti gli sfaccendati del paese peripatetica scuola» (era stato di professione mediatore, mestiere che, rispetto a quello precedente di calzolaio, «gli dava precario guadagno, ma lungo e felice ozio»), si era acconciato all'idea che «il non avere denaro era lo stesso che averne», e soprattutto «riteneva che ogni uomo aveva il dovere di sottrarsi al lavoro». Non

---

[75] Si tratta di *Occhio di capra*, Einaudi, Torino, 1984 (ripubbl. con aggiunte da Adelphi, Milano, nel 1990).

meraviglia allora che quest'uomo saggio richiamasse una schiera di discepoli i quali, mettendo in pratica la dottrina e gli insegnamenti del maestro, «erano riusciti a far nulla - a parte qualche figlio - per un'intera vita»[76].

Ma se pure su tutto il resto dobbiamo vedere nello zio Leonardo un bizzarro (quanto simpatico) anticonformista, nel farsi interprete però di questa concezione che scansa il lavoro come se fosse malattia o maledizione, egli non fa altro che dar corpo a dei valori sociali abbastanza diffusi e radicati in Sicilia. Non che qui siano mancate del tutto le „virtù del lavoro", quella tenacia, quello sforzo continuo e intenso, a volte quella parsimoniosa vita di stenti e di fatiche, saggiamente e spesso anche esasperatamente dedita all'accumulazione, a cui, tra gli altri, Gaetano Mosca accenna come di qualità che permisero a molti contadini di elevarsi al rango di galantuomini nel giro di tre o quattro generazioni[77]. Ma appunto, proprio queste stesse virtù non esauriscono e neppure coincidono pienamente con lo spirito e il significato profondo della moderna etica economica, professionale ed imprenditoriale, giacché esse o possono ben essere indirizzate dall'aspirazione ad elevarsi secondo uno stile signorile di vita[78] oppure si esprimono in forme di morboso attaccamento alla „roba", quale quello descritto da Verga in particolare nel personaggio di Mazzarò, che è del tutto in contrasto con il modello borghese in senso proprio, per il quale il possesso non è solo un fatto di accumulazione in senso estensivo, ma implica la sua trasformazione in bene produttivo nella misura di più intensa profittabilità che con esso si può raggiungere.

In Sicilia invece le „virtù del lavoro", anche quando vengono praticate, e negli stessi soggetti che ne sono i portatori, risentono fortemente di concezioni e di orientamenti ben lontani sia dall'idea di

---

[76] *Ibid.*, p. 118.

[77] G. MOSCA, «I galantuomini» [1905], in ID. *Uomini e cose di Sicilia*, Sellerio, Palermo, 1980, p. 62.

[78] Sempre lo stesso Mosca osserva come il contadino arricchito non dà vita ad una mentalità borghese, ma al contrario si «consuma in uno sforzo continuo, tenace e spesso disperato, diretto a conservare l'abito, il rango e tutte le apparenze della persona civile, del borghese che non vive di lavoro manuale...» (*ibid.*). La parola „borghese"che incontriamo nella citazione è impiegata nel senso del termine siciliano „burgisi", il quale indica il proprietario terriero benestante di origine urbana, non nobile. Molto spesso si trattava di un proprietario anch'egli non conduttore del fondo.

dovere professionale sia dai postulati dello spirito imprenditoriale, anche perché nemmeno tanto sullo sfondo rimane dominante la concezione che, espressa terra terra, suona in questo modo:

«"Caro Antonio - diceva Francesco, un camionista sui quarant'anni, di famiglia relativamente benestante, allo studioso Anton Blok - devi capire una cosa: il lavoro è una necessità, non un piacere. La gente deve lavorare per non morire. Beato chi non ha bisogno di lavorare. Chi non ha abbastanza cervello o fortuna è costretto a lavorare con le sue mani. È un disgraziato che non diventerà mai ricco né rispettato. Il lavoro manuale è opera del diavolo"»[79].

Naturalmente, che il lavoro fosse inteso come effetto di una punizione divina, o comunque come elemento disciplinatore e costrittivo, era un'idea già presente nella stessa rivalutazione di esso che si operò con la Riforma protestante[80]. Ma mentre proprio per questo essa lo fece

---

[79] A. BLOK, *La mafia di un villaggio siciliano*, cit. p. 55.

[80] «Nel corso della Riforma, accanto all'individualismo, il lavoro e il possesso materiale vengono elevati sempre più in senso trascendentale. All'inizio però ancora il lavoro ha per Lutero una valenza meramente creaturale. Esso è come il mangiare e il bere moralmente indifferente. In una fase successiva l'astenersi dal lavoro diventa per lui un contravvenire al comandamento divino che impone l'amore del prossimo. Di converso, il lavoro è espressione di questo amore, soprattutto in quanto si configura come divisione del lavoro, in cui ognuno è costretto a darsi da fare per l'altro» (M. MIEGEL, «Der Einfluss des Christentum auf die Wirtschaft», in *Merkur*, 49. Jhrg., H. 3, März 1995, p. 200). Ancor più accentuata e socialmente significativa è la rivalutazione del lavoro operata da puritani e calvinisti. «Per essi il lavoro non è soltanto un mezzo ascetico per contrastare tentazioni di ogni tipo, ma il senso della vita. Giacché solo l'uomo che lavoro può aumentare la gloria di Dio. Non lavorare è peccaminoso, la svogliatezza nel lavoro è un segno della mancanza di grazia divina. Dio si compiace dell'uomo che tende al guadagno. Ricchezza e possesso non sono perciò per nulla disprezzabili. Soltanto il loro godimento è da disprezzare. Accrescere i beni materiali astenendosi dal goderli costituisce perciò quanto di più alto l'uomo possa raggiungere» (*ibid.*). Tuttavia, qui si precisa, il cristianesimo non ha agito direttamente nella formazione dello spirito capitalistico, ma solo in *forma mediata*, attraverso cioè il processo di individualizzazione cui esso ha dato vita. Ma, se per questo, nemmeno Max Weber ha mai sostenuto che si potesse far derivare *direttamente* il capitalismo moderno dall'etica sociale cristiana professata. In questo equivoco mi pare che vada a cadere anche la pur accurata confutazione delle tesi weberiane proposta da Pellicani, il quale non coglie il carattere destinale che Weber attribuisce alla modernità, in quanto risultato eterogenetico rispetto ai propositi religiosi che ne stanno a capo. Certo, anche Pellicani riconosce un effetto indiretto della Riforma sul pieno sviluppo del capitalismo, dato che innegabilmente esso poté realizzarsi proprio nei paesi di area protestante. Ma esso sarebbe da attribuire soltanto al clima di tolleranza

proprio e lo mise a fondamento di tutto l'agire umano, l'orientamento di fuga dal lavoro presente nei siciliani (in particolare è mancata quella concezione del lavoro come servizio reso al prossimo e alla collettività, l'idea inoltre di „vocazione" che avrebbe dovuto manifestarsi nelle classi medie, e non tanto una generica disponibilità a sottoporsi al carico e alle fatiche che la mera necessità della sopravvivenza richiede, come dimostra l'indefessa e spossante attività del contadino siciliano nullatenente o possessore di un piccolissimo fondo[81]), deve apparire come una perversa volontà di sottrarsi agli effetti di moralizzazione che esso comporta. Ed in effetti, dove languisce l'etica del lavoro, mentre rimane aperta la „guerra del guadagno"[82], gli individui sono impegnati ad arrecarsi male reciproco e lo stato di salute morale e materiale della collettività va in deperimento. Tuttavia, se noi oggi sappiamo che il lavoro è una forma di disciplinamento della condotta umana, che,

---

tra le diverse confessioni che vi si dovette necessariamente creare, mentre qualsiasi rapporto di „omologia strutturale" tra etica calvinista e spirito del capitalismo sarebbe completamente da escludere. Secondo Pellicani lo spirito borghese si presenterebbe già in epoca feudale, con il sorgere e l'affermarsi delle città, e dunque ancor prima della Riforma, con una mentalità avulsa dalla dominante *Weltanschuung* religiosa, ed anzi con tratti di irreligiosità già marcati (L. PELLICANI, *Saggio sulla genesi del capitalismo. Alle origini della modernità*, SugarCo, Milano, 1988). Anche Groethuysen aveva mostrato come le Chiese facessero fatica a far rientrare il nuovo tipo borghese e la sua attività all'interno delle loro dottrine, ma non di meno egli aveva insistito sulla rilevanza che occupa il problema della giustificazione religiosa per tutta la lunga fase di gestazione dello spirito borghese in Francia (B. GROETHUYSEN, *Origines de l'esprit bourgeois en France. I. L'Eglise et la bourgeoisie*, Gallimard, Paris, 1927; trad. it., *Le origini dello spirito borghese in Francia, I. Cattolicesimo e Terzo Stato*, Il Saggiatore, Milano, 1975[2] (1a. ed. it. Einaudi, Torino, 1949).

[81] «Deve osservarsi che quell',„ociosidad" che si rimprovera alla Sicilia non deve farci pensare che gli abitanti dell'isola siano stati un popolo di poltroni e infingardi. Al contrario sono stati e sono tra i popoli più laboriosi d'Italia. Tra l'altro lo dimostrano le aride rocce dei loro colli o dei monti con l'assidua fatica dei secoli, sempre che è stato possibile, dappertutto trasformate in fertili colture. Questa accusa deve quindi riferirsi o a certe attitudini, quali quelle che si richiedono per un'attività industriale o commerciale, che mancano, come son mancate nel passato, e mancano soprattutto perché manca la fiducia negli altri; o anche a particolari abitudini di vita, specie in alcuni ceti, che si spiegano con il contesto sociale dell'isola» (V. TITONE, *La società siciliana sotto gli spagnoli e le origini della questione meridionale*, cit., p. 96). Anche Sonnino ebbe a dire del contadino siciliano che «è sobrio, laborioso e duro alla fatica» (S. SONNINO, *I contadini in Sicilia*, cit., p. 104).

[82] L'espressione è non a caso di Pirandello, nel contesto di cui diremo più avanti.

partendo da complesse motivazioni interiori in cui si mescolano senso del dovere e desiderio di successo, attraverso l'universale affaticarsi di ognuno, ottiene effetti di benefica ricaduta sulla società intera, non per questo la condotta di vita dello zio Leonardo, per nulla disordinata e smodata, ma metodica e attenta nella sua ricerca dell'ozio, deve apparirci del tutto indegna e immorale. A giustificazione del sentimento nient'affatto spregevole da cui essa è animata, vi sta quella che potremmo anch'essa definire una forma di ascesi non meno attenta ed esigente di quella che i Riformati posero nell'adempimento del dovere professionale. Anche in questa pratica dell'ozio vi è infatti un trascendimento della immediata natura sensibile, l'instaurarsi di un dominio su se stessi, di un autodisciplinamento, che, attraverso l'estirpazione quanto più estesa possibile della bramosia e del bisogno, e quindi attraverso la messa in mora delle brute domande pulsionali, viene a spegnere, con il desiderio di acquisire, la stessa volontà del male. Così, se è vero che, come vuole il proverbio, l'ozio è padre dei vizi, non è meno vero in questo caso che esso sia padre di virtù, purché venga appunto praticato come una forma di ascesi e si associ quindi nello stesso tempo alla più drastica riduzione possibile del desiderio di beni e consumi. Ma senza l'etica del lavoro non è possibile l'insediarsi dell'economia moderna, la totale ridefinizione cioè della società in vista dei suoi obiettivi economici.

Per spiegarci però chiaramente ed evitare facili recriminazioni, qui non si tratta semplicemente della scarsa volontà di lavorare (tanto meno come dato antropologico) o di una incontenibile ed eccessiva bramosia di ricchezze. La *auri sacra fames*, per la quale ogni mezzo di arricchimento è buono, è una caratteristica abbastanza diffusa del genere umano, e di per sé non sarebbe neppure il caso di farne conto. Il punto è invece ciò che essa diventa nel capitalismo moderno, il quale si distingue nettamente dalle pratiche predatorie e dalle forme puramente speculative dell'antichità e dell'*ancien régime*. Peculiarità dell'agire economico moderno, pur nella permanenza degli stessi obiettivi personali di guadagno e di arricchimento, è quella di essersi eticizzata nella forma di attività produttiva e di prestazione di servizio, in cui cioè il profitto individuale è sottoposto a modi di operare che aumentano nello stesso tempo la ricchezza generale prodotta, e alla pratica di soddisfare una richiesta di mercato, e dunque un bisogno altrui. Estranei a questo nuovo orizzonte di valore, copulando ancora la ricerca del „far niente" (formula che nelle altre lingue solitamente si riporta in italiano) con quella della ricchezza, del benessere o semplicemente della sicurezza sociale (la famosa ricerca di un „posto" o di un sussidio pubblico), prolungando la sete pre-moderna di lusso, dispendio e consumo nei nuovi riti dell'abbondanza propri del capitalismo odierno[83], protesi in attività di accumulazione che hanno poco a che vedere con le modalità moderne con cui si tende al conseguimento di un profitto come risultato razionale e oggettivo di una strategia d'impresa, piuttosto prossimi invece ad un tipo di affaccendarsi che ricerca la buona occasione e i facili guadagni (quel tipo di capitalismo che prospera nell'„arretratezza" e che contribuisce, malgrado l'impiego di capitali che viene profuso, ad alimentarla[84]), i siciliani sono sfuggiti al *medium* disciplinatore del lavoro come servizio, come professione e come sfida imprenditoriale, e con ciò agli effetti di moralizzazione conseguenti ad un'attività che assorbe la persona nella funzione. Vale infatti, non meno per la professione e la direzione amministrativa o d'impresa, come per le mansioni produttive dell'operaio o l'impiego dipendente, a cui le seguenti parole più direttamente si riferiscono, che «nel lavoro si tratta sempre in primo luogo della cosa stessa e non del lavoratore, anche quando non abbia ancora avuto luogo una separazione totale tra lavoratore e „prodotto del lavoro". Nel lavoro l'uomo viene continuamente allontanato dal suo essere-se-stesso e indirizzato a qualcosa d'altro, è continuamente presso qualcosa d'altro e per altri»[85].

---

[83] Con questo, però non si vuol dire che il consumismo sia in contrasto con la severa etica puritana orientata al lavoro, ed anzi, per quanto paradossalmente, ne è una diretta conseguenza, come mostra il libro di C. CAMPBELL, *The Romatic Ethic and the Spirit of Modern Consumerism*, Basil Blackwell, Oxford, 1987; trad. it., *L'etica romantica e lo spirito del consumismo moderno*, Edizioni Lavoro, Roma, 1992.

[84] Come era già il capitalismo dell'età borbonica, le cui caratteristiche sono state messe in luce da J. A. DAVIS, *Società e imprenditori nel regno borbonico 1815/1860*, cit. Si veda anche F. BARBAGALLO, *La modernità squilibrata del Mezzogiorno d'Italia*, cit., il quale, sulla scorta dei rilievi critici apportati anche da altri autori, giudica enfatizzata la ricostruzione offerta da Bevilacqua a proposito dei «caratteri di modernità e le presenze industriali nella storia del Mezzogiorno otto-novecentesco» (*ibid.*, p. 112). Il riferimento riguarda P. BEVILACQUA, *Breve storia ...*, cit.

[85] H. MARCUSE, *Über die philosophischen Grundlagen des wirtschaftswissenschaftlichen Arbeitsbegriff*, [1933], in ID., *Kultur und Gesellschaft* Suhrkamp, Frankfurt a. M., 1965; trad. it., *Sui fondamenti filosofici del concetto di lavoro nella scienza economica*, in ID., *Cultura e società*, Einaudi, Torino, 1969[2], p. 159.

Alle soglie dell'età moderna, l'agire economico apparve veicolo di eticizzazione di tutta la vita sociale e di moralizzazione di quella privata, divenendo il modo più adeguato per realizzare il bene e ordinare la condotta degli individui. «Elemento decisivo non fu il semplice fatto di accumular capitali, ma la trasformazione razionale di tutta la vita»[86]. Se ci rifacciamo al testo su cui per larga parte si basano le stesse osservazioni di Weber, ecco che il lavoro, e in particolare la vocazione verso «un tipo di lavoro stabile e costante», si presenta come la dimensione più propria dell'uomo, «il fine morale, oltre che naturale, delle nostre capacità». Esso, come ci viene detto, è stato imposto da Dio «in maniera rigorosa a tutti», ed è il mezzo principale attraverso cui «Dio viene servito ed onorato». Oltre ad avere questo contenuto religioso, il lavoro appare connotato anche in senso etico: infatti ciò che esso realizza è il «bene comune, o almeno quello di molti, [...] considerato come superiore al bene privato». In conformità dunque al fatto di derivare da un comando divino, il lavoro, in quanto indispensabile attività dell'uomo su questa terra, crea un legame di solidarietà e di interdipendenza sociale tra gli individui, ed è solo così, precisa Baxter, che noi veniamo incontro alla massima divina che «ci chiede di fare agli altri tutto il bene che possiamo»[87]. L'imperativo cristiano dell'amore verso il prossimo viene così a riconfigurarsi come "etica della prestazione": bisogna darsi da fare, anche per sé stessi, impiegare dovutamente il tempo e il denaro, solo così ne deriverà il bene anche per gli altri. Accanto al senso religioso di cui è investito, e all'istanza etica che il lavoro realizza, esso ha ancora l'importante funzione di operare nel senso di una moralizzazione degli individui, che qui non vuol dire altro se non l'attuazione di una condotta ordinata di vita. Il disciplinamento della propria vita quotidiana nella dimensione del lavoro ha un valore costitutivo centrale nell'orizzonte del «cristiano saggio e accorto [che] deve organizzare tutte le sue attività in modo che ogni singolo dovere possa essere compiuto nel momento opportuno»[88]. Così, secondo l'esempio che ci viene proposto, come l'artigiano attento e diligente tiene a posto i suoi arnesi, per non perdere tempo poi nel cercarli, e può così

---

[86] M. WEBER, *L'etica protestante ...*, cit.,p. 121.

[87] R. BAXTER, *Christian Directory*, London, 1673; trad. it., parz. in U. BONANATE (a cura di), *I puritani*, Einaudi, Torino, 1975, pp. 264-265.

[88] *Ibid.*, p. 259.

lavorare più alacremente e con più profitto, allo stesso modo ognuno deve sottostare all'esigenza di sistematicità e ordine nell'andamento della vita quotidiana, ed essere in grado di «rendere conto ogni sera del suo operato»[89]. La dedizione al lavoro che tiene lontano dalla pigrizia e dall'indolenza, per cui mettiamo a frutto il tempo che ci è concesso di vivere, è conforme perciò alla disposizione che tiene desta la coscienza e la preserva dalla inclinazione al peccato e alla corruzione.

Nel lavoro dunque si individuò il fulcro delle nuove virtù cristiane e la sfera dell'economia si venne a definire come un universo di doveri, il cui nucleo costitutivo centrale divenne quello del «dovere di fronte al patrimonio, inteso come una grandezza astratta e autonoma e che di per se stesso [andava] accresciuto»[90]. Così tra l'io e il mondo veniva posta la parete insuperabile dell'oggettivazione, nelle cui gelide acque doveva spegnersi la stessa libido acquisitiva diretta al possesso delle cose. Ad essa vennero a sostituirsi l'utile e l'interesse come molle più pertinenti dell'agire umano[91]. La bramosia di beni e ricchezze viene dunque ridefinita all'interno di un nuovo orizzonte di idee, secondo cui essi «sono da possedere come se non li si possedesse», mentre bisogna starvene a capo «con uguale distacco oggettivo da se stessi, anche riguardo all'utile, all'impresa 'privata', alla ditta - [per considerarsi] come semplici accrescitori e, al massimo, amministratori caritatevoli dei doni di Dio, come semplici fiduciari e 'tesorieri di Dio'»[92].

La funzione da svolgere acquista perciò un valore indipendente dal fine per cui è svolta e la dedizione al lavoro, con cui risultavano aumentati il benessere e la ricchezza sociale, appare l'unica forma di amore per il prossimo ora consentita. Se poi ogni atteggiamento di favore, ogni condiscendenza verso la singola creatura doveva essere avvertito come peccaminoso, il gelido ideale individualistico protestante non si spinse però fino al punto di negare ogni umana solidarietà tra i

---

[89] *Ibid.*

[90] E. BLOCH, *Thomas Münzer...*, cit., p. 116.

[91] «La radice religiosa si inaridì lentamente e fece posto ad un indirizzo utilitaristico e terreno» (M WEBER, *L'etica protestante...*, cit., p. 298). Poco più avanti, Weber ritorna ancora su questa idea del carattere eterogenetico di formazione dell'utilitarismo moderno quasi con le stesse parole: «L'interpretazione utilitaria si sostituì insensibilmente al concetto religioso, coll'inaridirsi del concetto di questo» (*ibid.*).

[92] E. BLOCH, *Thomas Münzer...*, cit., p. 116.

fratelli di fede, ma, come nel caso di Calvino, «l'amore [venne] innestato nell'onesta amministrazione»[93]. Lo stesso adempimento del dovere professionale, infatti, sia che si trattasse di ufficio pubblico o privato, venne ora a sostituire l'antica *caritas*. Aiutare il prossimo, secondo la nuova intenzionalità e sulla base del nuovo orientamento teologico, non può essere più né una determinazione contingente della moralità del singolo, né un'opera isolata rivolta all'accidentalità del bisognoso. Piuttosto, anche per l'agire morale s'impone una sua strutturazione secondo un carattere di continuità e sistematicità, facendo del suo esercizio una parte costitutiva dell'operare quotidiano. La disposizione alla *caritas* divenne perciò parte integrante della stessa condotta di vita configuratasi come professione, poiché questa assunse «il carattere obiettivo e impersonale di servigio reso all'ordinamento razionale del mondo sociale che ci circonda»[94].

4. La disarticolazione mafiosa dello Stato da servizio pubblico a potere privato.

Con il definirsi dell'orizzonte economico come motivo determinante che guida l'agire sociale degli individui, l'affermazione di sé non è più praticabile come potere che si esercita direttamente sulle persone (come avveniva con il feudatario e lo stesso gabellotto), ma ha bisogno di oggettivarsi (così stemperandosi) in un compito dal cui successo soltanto dipende il senso del proprio realizzarsi[95]. L'individuo deve spogliarsi delle proprie immediate qualità soggettive per aderire senz'altro alle determinazione oggettive richieste dall'attività intrapresa o dal servizio a cui si trova preposto. Ma è proprio questa oggettivazione dei ruoli e delle funzioni che in Sicilia non è riuscita ad operarsi, o meglio, a divenire un contenuto di coscienza comune. E poiché l'idea di professione è strettamente legata a quella di ufficio, l'arbitrio si installa laddove dovrebbe esserci una prestazione pratica e oggettiva. Ne deriva che

---

[93] *Ibid.*, p. 119.

[94] M. WEBER, *L'etica protestante...*, cit, p. 186.

[95] Cfr. K. MANNHEIM, *Essay on the Sociology of Knowledge*, London, 1964; trad. it., *Sociologia della conoscenza*, Dedalo, Bari, 1974 (in part. cap. V: «Essenza e significato dell'ambizione economica»).

funzioni pubbliche e interessi privati si vengono a sovrapporre, senza possibilità di distinguerli l'una dagli altri. L'essere investiti di un'autorità, di un ufficio o di una carica non comporta così l'espletamento di un ruolo direttivo avente carattere eminentemente funzionale, ma al contrario è assunto come la conquista di una posizione personale di potere, e dunque come una prerogativa di *status* di cui poter disporre a titolo e per interessi del tutto privati[96]. In questo modo, i fruitori sociali di un servizio pubblico assicurato dalla mediazione politica, diventano (in realtà in seguito anche ad una loro pressione diretta ad ottenere favori) persone subalterne tenute ad un legame di fedeltà nei confronti del detentore di una carica, e quindi si trasformano nel seguito personale di un capo, a cui il rapporto di fedeltà è assicurato solo e soltanto dallo scambio reciproco, ma asimmetrico, di vantaggi. Data la natura così assunta dal potere politico, qui si trova preclusa la possibilità che sorga un universo normativo garantito dalla presenza di un'autorità *super partes* che assicuri uno stato di regolazione secondo il diritto: non può esservi diritto, infatti, dove sono già operanti le norme delle relazioni privatistiche di potere, le uniche veramente riconosciute e vincolanti.

È in questa privatizzazione della sfera pubblica che il fenomeno mafioso rinviene le sue possibilità di esistenza e di radicamento. La mafia infatti trova in questo modo nello Stato non un meccanismo di relazioni astratte e impersonali, ma un sistema di potere che è omologo alla sua mentalità, alle sue vedute sui rapporti di potere e sulle pratiche attraverso cui gli individui si vincolano tra di loro. La mafia può acquistare un'autorità tale da esautorare le istituzioni pubbliche, soltanto perché essa vi trova già operanti le stesse idee in merito ai rapporti di forza, comando, subordinazione e appartenenza di gruppo che le sono consone. Il suo diventare una potenza politica può avvenire solo sul presupposto per cui lo Stato si trova già disarticolato nelle sue funzioni astratte di potere, privato dei suoi compiti amministrativi specifici e delle

---

[96] «Più che all'obiettivo preciso del suo ufficio, il funzionario si sente legato a persone, spesso a persone estranee all'istituzione statale, e viene così meno il significato profondo di una moderna etica del funzionario. I vincoli di gruppo prevalgono anche nell'esercizio delle mansioni: vincoli con la famiglia; vincoli con i veri amici o con quelli strumentali, a cui si devono ricambiare i favori; vincoli con la clientela che si intersecano con la gerarchia amministrativa. La lealtà nei loro confronti spezza la lealtà verso lo Stato» (H. HESS, *Mafia*, cit., p. 45).

forme, che gli sono peculiari, del loro espletamento, per essere riarticolato invece come rete di individui e gruppi tra loro apparentati secondo patti *extra legem*, che esercitano un dominio personale su uomini e cose. È questo il vero intreccio tra mafia e politica, da cui la complicità delittuosa ne segue come corollario. Si tratta innanzitutto di un problema di configurazione della forma-Stato, altrimenti non si spiegherebbe perché tante degne persone (tali almeno per la natura del loro ufficio) si siano trovate in collusione con la mafia, ed abbiano potuto mettere al servizio della mafia le stesse funzioni pubbliche a cui erano assegnate. Ciò allora è potuto avvenire solo per il fatto che negli orientamenti e nelle pratiche concrete la sfera pubblica era già intrisa delle stesse vedute con cui opera la mafia, per cui questa ha trovato il terreno già pronto in cui attecchire.

La natura del vero attacco mafioso allo Stato consiste nella sottrazione della sua forma specifica di legittimazione, che risiede nel modo del suo operare, e cioè nel carattere di generalità, astrattezza, impersonalità, universalità con cui si connota la sua attività normativa. In sostanza, l'autorità dello Stato appare legittima finché si fonda sul criterio di legalità[97]. Ma è proprio su questo punto cruciale che la presenza mafiosa registra un mutamento nei suoi connotati: essa infatti è possibile solo dove il nesso legalità/legittimazione è venuto meno, e la fonte del potere si richiama a regole di natura extra-legale. Artefice di questa trasformazione non è la mafia in quanto organizzazione criminale esterna allo Stato, ma è lo Stato stesso che, attraverso i suoi funzionari e i detentori di cariche politiche si predispone, con un movimento che parte dal suo stesso interno, e che subito trova terreno per alimentarsi e ingigantirsi, a convivere con la mafia, secondo modelli e pratiche di comportamento convergenti. In verità, le istituzioni legali-razionali non possono che rimanere formalmente vigenti, e però esse vengono svuotate e riconfigurate secondo una nuova forma di legittimazione basata su relazioni dirette di potere e subordinazione, e su vincoli personali di

---

[97] Cfr. J.F. WINCKELMANN, *Legalität und Legitimität in Max Webers Herrschaftssoziologie*, J.C.B. Mohr (Paul Siebeck), Tübingen, 1952. Non è il caso qui di entrare in merito ai rilievi critici, pur in parte condivisibili, mossi da Mommsen all'interpretazione data da Winckelmann. Si veda W. J. MOMMSEN, *Max Weber und die deutsche Politik 1890-1920*, J.C.B. Mohr (Paul Siebeck), Tübingen, 1974²; trad. it., *Max Weber e la politica tedesca 1890-1920*, Il Mulino, Bologna, 1993.

fedeltà, per cui, quando la penetrazione mafiosa sopraggiunge, lo Stato è già pronto, strutturalmente, ad intendersi con essa.

Ora, è paradossale che, mentre la mafia trova congruente col suo modo di sentire le forme corrotte di funzionamento già operanti all'interno dello Stato, questo a sua volta procede nei suoi confronti con l'uso di concetti analoghi a quelli con cui essa si costituisce. È lo Stato che fa della mafia un anti-Stato, la solleva così alla sua stessa dimensione, e in questo modo però se la rende omologa, la predispone ad essere metabolizzata nei suoi meccanismi. Da un lato, dunque, la mafia disarticola lo Stato in una molteplicità di atti individuali di comando, depontenziandolo del suo carattere di giurisdizionalità universale, astratta e generale; dall'altro, lo Stato recepisce le funzioni di governo assolte dai mafiosi come sua articolazione interna, poiché crede, nella misura in cui la mafia si assume compiti di regolazione sociale, nell'affinità di scopi tra il potere mafioso e il proprio[98]. Vedendo che i meccanismi della legalità formalmente rimangono vigenti anche dopo la penetrazione mafiosa, lo Stato ritiene di mantenersi saldo comunque sul suo terreno e di poter convivere con la mafia, come con un potere sociale esterno che, non potendo essere debellato, può essere fatto proprio. Esso finisce allora per considerare come residuale l'uso della violenza in quanto mezzo di affermazione personale di cui la mafia fa il proprio connotato specifico, e al contrario accetta di appaltare ad essa, nel suo esercizio privato della forza, le sue stesse istanze d'ordine.

Ma ciò che permette alla mafia di trovare nello Stato un terreno già predisposto per il suo inserimento è l'orizzonte culturale di valori comuni dominante, ad essa affine, grazie a cui soltanto lo Stato, in quanto organizzazione della sfera pubblica viene ridefinito come tessuto di relazioni private. La cultura mafiosa[99], che non riguarda solo la mafia in

---

[98] Perciò, come nota Gambetta, «alcuni settori dell'apparato giudiziario sono permeati da un'ammirazione quasi professionale per questo fenomeno, fondata sulla convinzione che la mafia, presa a sé sia un *ordinamento giuridico* e che il suo ruolo sia complementare piuttosto che conflittuale con quello dello Stato» (D. GAMBETTA, *La mafia siciliana. Un'industria della protezione privata*, Einaudi, Torino, 1992, p. XI). Per l'idea che accanto allo Stato siano ammissibili altri *ordinamenti giuridici* cfr. S. ROMANO, *L'ordinamento giuridico* (1918), Sansoni, Firenze, 1951.

[99] Per il concetto e le caratteristiche della «cultura mafiosa» si veda L. M. LOMBARDI SATRIANI, «Sulla cultura mafiosa e gli immediati dintorni», *Quaderni del Mezzogiorno e delle Isole*, a. XIV, n. 42-43, 1977 (e quindi in ID., *Il silenzio, la memoria, lo sguardo*,

quanto organizzazione criminale, ma costituisce un modo particolaristico di intendere le relazioni civili, si esprime attraverso l'idea che al di sopra delle leggi e delle relazioni legali debbano valere i rapporti personali di interesse o le forme di amicizia più o meno strumentali. All'osservanza della legge (che il suo carattere di anonimità e astrattezza rende ancora più odiosa e arbitraria, in quanto ancora più irraggiungibile e incomprensibile), si sostituisce, in un quadro che ridefinisce i rapporti funzionali di potere in relazioni personali di affinità, appartenenza, dominio e subordinazione, il rispetto diretto per la persona che, per meriti propri, in un contesto in cui le qualità personali sono «fattori decisivi nel determinare il prestigio, il rispetto e la posizione sociale»[100], è riuscita a farsi largo, ad affermarsi, fino a porsi non solo al di sopra della legge, ma addirittura nella condizione di utilizzare le leggi a proprio ed esclusivo vantaggio. Colui allora che si è spinto a tanto, è riuscito con ciò a farsi onore tra gli altri, ha mostrato di sapersi distinguere dalla massa in virtù della propria eccellenza (ed è proprio in questo "senso di eccellenza" che consiste, secondo Pitré, lo «spirito di mafia»[101]), ed è perciò legittimato a dotarsi della potenza di un capo e a disporre dei servizi e dei beni disponibili nel contesto sociale presente[102],

---

Sellerio, Palermo, 1979); G. FALCONE, «La mafia tra criminalità e cultura» *Meridiana*, n. 5, 1989 (Intervista di G. Fiume); G. GRIBAUDI, «Mafia, culture e gruppi sociali», *Meridiana*, n. 7-8, 1990; G. BALISTRERI, «Falcone, la Sicilia e la mafia», *MicroMega*, n. 1, 1993; F. DI MARIA-G. LAVANCO, «Sentire mafioso e obbedienza criminale. Impronte sull'asfalto», *La Balena bianca*, a. IV, n. 7, luglio 1993.

[100] A. BLOK, *op. cit.*, p. 138.

[101] «La mafia è la coscienza del proprio essere, l'esagerato concetto della forza individuale unica e sola arbitra di ogni contrasto, di ogni urto di interessi e di idee; donde la insofferenza della superiorità e, peggio ancora, della prepotenza altrui. Il mafioso vuol essere rispettato e rispetta quasi sempre. Se è offeso, non ricorre alla Giustizia, non si rimette alla Legge [...]. Egli sa farsi ragione personalmente da sé [...]» (G. PITRÉ, *Usi e costumi, credenze e pregiudizi del popolo siciliano* [1889], Barbera, Firenze, 1939, vol. II, p. 292).

[102] «Gli „uomini d'onore sono coloro che, dimostrando capacità individuali straordinarie, riescono a farsi strada nella vita e ottengono successo con tutti i mezzi, non escluso l'uso della violenza. L'onore come codice morale che ordina una gerarchia e mette in rilievo una interdipendenza, è direttamente connesso con il clientelismo, che diventa così la forma di rappresentanza politica e dell'aggregazione degli interessi specifici di una determinata società» (A. CRISCIONE, «Mafia: percorsi di conoscenza», *La Balena bianca*, a. IV, n. 7, luglio 1993, p. 54). Cfr. anche J. DAVIS, *Antropologia delle società mediterranee. Un'analisi comparata*, Rosenberg & Sellier, Torino, 1980 (testo a cui si

indipendentemente dalla loro natura pubblica o privata (da qui l'omologia tra il sistema mafioso del racket e quello politico-malavitoso delle tangenti).

Certo, come lo Stato, anche la mafia non potrebbe reggersi solo sulla mera esistenza del codice culturale entro cui si costituisce, ed anzi essa assume la sua natura specifica definendosi come organizzazione[103]. Sarebbe però inadeguato pensare all'organizzazione mafiosa esclusivamente nei termini della sua „razionalità d'impresa", secondo un carattere cioè di natura esclusivamente funzionalistico[104], poiché essa ha bisogno di un riferimento ad una „sfera di valori" su cui fondare il senso della propria specificità, il suo darsi come dimensione di senso alternativa a quella della cultura pubblica basata sull'idea di legalità. L'universo mafioso si sgretolerebbe, piomberebbe esso stesso in uno stato di anomia autodistruttiva, se non potesse fare dell'osservanza ad un codice interno il proprio punto d'onore[105] (ciò per cui essa, appunto,

---

rifà Criscione); M. P. DI BELLA, *L'onore in Sicilia e l'onore nella mafia. Convergenze e divergenze*, in S. DI BELLA (a cura di), *Mafia e potere: società civile, organizzazione mafiosa ed esercizio dei poteri nel Mezzogiorno contemporaneo*, cit.

[103] Tra gli storici che sottolineano particolarmente questo aspetto si veda S. LUPO, *Storia della mafia*, Donzelli, Roma, 1993.

[104] È la tesi di D. GAMBETTA, *La mafia siciliana*, cit., il quale sostiene che a caratterizzare la mafia in modo specifico sia soltanto il commercio di un bene particolare che essa offre sul mercato, vale a dire l'esercizio della violenza, di cui gli imprenditori economici in senso proprio possono avere bisogno, in condizioni di carenza dell'intervento statale, per ottenere protezione. «Il mafioso - egli dice - esercita il ruolo di garante o protettore in transazioni delicate e complesse in cui possono nascere dispute. Il suo ruolo si manifesta nella regolazione di una varietà di controversie - potenziali o effettive - riguardanti beni sia legali sia soprattutto illegali: crediti non riscossi, bidoni ricevuti, contratti non rispettati, accordi fragili e rischiosi» (D. GAMBETTA, *Cosa Nostra in Sicilia*, in P. GINSBORG (a cura di), *Stato dell'Italia*, cit., p. 350).

[105] È ciò su cui ha insistito Buscetta per giustificare la sua „dissociazione" nei confronti dei corleonesi. Buscetta infatti ha voluto interpretare la sua collaborazione con lo Stato in termini di continuità con la sua precedente professione mafiosa di fede. La mafia per lui è un istituto d'ordine, per cui, una volta venuta meno in quanto tale, il passaggio dalla parte dello Stato, con cui si è inteso praticare una competizione sulla base di pretese oppositive ma omologhe, deve risultare del tutto naturale. Su questo „sentimento mafioso" ha cercato di far leva Falcone, la cui originalità nell'approccio alla questione mafiosa si è distinta sostanzialmente per due aspetti: per un verso, egli ha cercato di coglierne l'effettiva rilevanza in termini di codice culturale specifico, per altro verso, capovolgendo l'attitudine secolare in questo senso di tutti coloro che l'avevano preceduto, egli ha riconosciuto l'esistenza di una subcultura mafiosa non per venirci a patti, ma per

vuole accreditarsi col titolo di „gente di rispetto" e di „onorata società").
Quando nella mafia si infrange quella normatività interna che le consente
di muoversi in un „sistema di società" che si pretende alternativo a quello
fondato dalla cultura della legalità, allora essa attraversa una crisi dei
suoi valori di riferimento che non le consente più di plasmare secondo le
sue vedute i meccanismi, per quanto di per sé già corrotti, dello Stato.
Con ciò si produce l'insolito, e a tutta prima stupefacente, fenomeno del
„pentitismo" mafioso, come manifestazione dell'avvenuta rottura del
patto di solidarietà tra scellerati. Ma ciò comporta che la mafia è
divenuta del tutto disarmata, ideologicamente, nei confronti della cultura
dello Stato, il quale solo ora, da parte sua, con la crisi della cultura
antagonista nelle cui maglie era finito per cadere, può rifondarsi secondo
il modo di procedere e i criteri orientativi che gli sono propri (in quanto
Stato di diritto, sistema nazionale di amministrazione e garante della
sicurezza economica e personale dei cittadini). Si apre allora la

---

smantellarla facendo leva sull'obsolescenza cui andavano incontro i suoi valori di
riferimento. Si veda G. FALCONE, *Cose di Cosa Nostra*, cit. Si veda anche il mio
«Falcone, la Sicilia e la mafia», in *MicroMega*, cit. Proprio il caso di Falcone, per il quale
«la mafia costituisce sempre una esasperazione dei valori siciliani» (G. FALCONE, *Cose
di Cosa Nostra*, cit. p. 132) dimostra come un tale riconoscimento non costituisca
«un'impropria estensione del termine „mafia" al di fuori dei contesti criminali e
associativi ... [con l'effetto di diluirne] all'infinito le cause ... [sfumarne] le responsabilità
e [renderne] pressoché nulle le possibilità repressive» (P. PEZZINO, *Una certa
reciprocità di favori*, cit., p. 9). Del resto, qui Pezzino si contraddice apertamente. Da un
lato egli sostiene che «l'onore mafioso, e l'omertà, appaiono non una subcultura diffusa,
[...] ma comportamenti imposti con la forza e la paura dall'élite violenta, in un complesso
gioco (fra mafiosi e classe dirigenti) di manipolazione reciproca di codici culturali
utilizzati come strumento di affermazione sociale e di lotta politica» (*ibid.*, pp. 9-10),
sposando con ciò la tesi di Lupo secondo cui «in ogni caso la mafia è „altro" rispetto alla
società» (*ibid.*, p. 16. Per il riferimento si veda S. LUPO, «„Il tenebroso sodalizio". Un
rapporto sulla mafia palermitana di fine Ottocento», in *Studi Storici*, aprile-giugno 1988).
Dall'altro, però, osservando come l'industria della violenza sia alimentata dagli stessi
strati popolari in cerca di affermazione sociale (e che cosa sarebbero questi allora se non
un pezzo rappresentativo e consistente di „società"?), e dunque come essa costituisca un
fenomeno diffuso nelle regioni meridionali (P. PEZZINO, *Una certa reciprocità di
favori*, cit., pp. 22-23), lo studioso trova difficoltà a collocare interpretativamente questo
dato con le sue premesse di partenza che escludono il coinvolgimento degli orientamenti
sociali di valore predominanti nel prodursi del fenomeno mafioso (*ibid*, p. 17). Questo
non significa naturalmente, in ciò si deve concordare, che bisogna avvalorare l'equazione
secondo cui, se la criminalità mafiosa è espressione della società, allora ci si trova in
presenza di una società criminale. La società siciliana ha espresso una cultura mafiosa, ma
la mafia non è solo cultura, è delitto, ed il delitto è negazione della società.

prospettiva di un ricambio o di una riqualificazione dello stesso ceto dei politici e dei funzionari pubblici.

Si scopre così il vero punto di attacco alla mafia, consistente nel costringerla a svelarsi come mera attività criminale, priva degli elementi di legittimazione con cui vorrebbe accreditarsi nel contrasto con i poteri pubblici, e quindi depotenziata anche della carica di attrattiva sociale che essa esercita su tutti coloro che cercano di legare le sorti della propria affermazione individuale a quelle di un'entità collettiva che accoglie, ingloba e sostiene l'identità sociale primaria dei singoli (non a caso ci si riferisce alla mafia come a „mammasantissima", con evidente richiamo alle sicurezze che un individuo può ricavare dal sentirsi parte di una „famiglia"[106] in cui, malgrado il predominio di valori prettamente maschili, è la figura femminile materna, a cui si connettono i poteri del generare e quindi il mistero della vita e della morte, che costituisce il vero cemento dell'appartenenza di gruppo[107]). Rispetto al tipo di

---

[106] «Non ci sembra casuale, per esempio, che nel linguaggio mafioso si parli di „famiglia" come struttura base di appartenenza, e che la stessa gerarchia mafiosa sia di tipo familistico. Possiamo formulare l'ipotesi che il primato degli interessi della „famiglia mafiosa" si sostituisca al primato degli interessi della famiglia d'origine, in quanto è come se si avesse un arresto dello sviluppo mentale a livello di quella organizzazione mentale chiamata famiglia così satura da impedire di poter concepire organizzazioni mentali „altre" da quella familiare» (F. DI MARIA *et al.*, *Il sentire mafioso. Percezioni e valutazioni di eventi criminosi nella pre-adolescenza*, Giuffrè, Milano, 1989, p. 16).

[107] «L'assoluta dedizione alla mafia nasconde una „fissazione simbiotica" alla madre; al nuovo adepto si richiede un alto grado di masochismo. Egli deve essere disposto a morire per la mafia, a dare il suo sangue alla mafia» (F. DI FORTI, *Le radici profonde della mafia*, Silva, Roma, 1971, p. 32; nuova ed., *Per una psicoanalisi della mafia*, Bertani, Milano, 1982). Ed ancora: «Il capo rappresenta il fratello maggiore, non il padre. Infatti, il capo famiglia che intendesse diventare Mister Mammasantissima veniva ucciso» (*ibid.*, p. 97). Su questi aspetti nel contesto del rapporto più specifico tra universo femminile e mafia si è soffermata in particolare R. SIEBERT, *Le donne, la mafia*, Il Saggiatore, Milano, 1994). «L'appartenenza al clan mafioso (specialmente a quello tradizionale) - è stato ancora notato - determina una sorta di parentela rituale e simbolica, il cui elemento di unità e coesione è rappresentato dal sangue. La mafia tradizionale come comunità di sangue» (M. MELIGRANA, *Giuridicità popolare e potere mafioso. L'istituto della vendetta*, in S. DI BELLA (a cura di), *Mafia e potere: società civile, organizzazione mafiosa ed esercizio dei poteri nel Mezzogiorno contemporaneo*, Rubbettino, Soveria Mannelli, 1983, vol. I, p. 247). Sugli aspetti psicanalitici della mafia, in relazione soprattutto a ciò che comporta il fenomeno del pentitismo in quanto evidenziazione di un processo di sgretolamento dell'universo mafioso dei valori di appartenenza, si è tenuto un convegno a Palermo, organizzato dal Dipartimento di Psicologia dell'Università e

appartenenza sulla base dell'idea di cittadinanza che lo Stato e la società legale avrebbero potuto fornire, infatti, la mafia ha avuto il vantaggio di offrire un modello che era nello stesso tempo famiglia, setta, società segreta, partito, ordine religioso[108]. Ma nel momento in cui, da un lato, lo Stato si rivelerà in grado di promuovere realmente cittadinanza (di produrre cioè, nell'ambito del comune riferimento alla nazione, omogeneità sociale e territoriale, innescando quel circolo virtuoso per cui si vede ricambiato in termini di fedeltà alle istituzioni di per sé stesse il riconoscimento dei diritti e la prestazione dei servizi da esso garantiti), mentre, dall'altro, la mafia si ridurrà alla sua mera dimensione di criminalità organizzata, allora la sua sorte sarà segnata. È lo sfacelo dell'orizzonte mafioso di valori e di appartenenza la più grande opportunità che oggi si offre allo Stato di affermarsi, dopo un secolare cammino di succube dipendenza e di sovranità dimidiata.

5. Il contrasto tra sicilianità e civilizzazione.

A tutta prima stupefacente, fuorviante, e probabilmente non aliena da una più o meno ingenua complicità, è la nota definizione di Pitré che pone la mafia in rapporto con il carattere siciliano[109]. Essa è invece

---

dedicato a Falcone, che ne era stato auspice, di cui riferisce il quotidiano *La Stampa* del 16.11.1994.

108 «La mafia, a differenza di altre forme di criminalità, consente una canalizzazione dell'aggressività nella direzione dell'ascesa al potere e favorisce una guerra condotta dagli emarginati contro i membri della società ufficiale, vissuti come nemici malefici anche perché si presentano come fruitori del benessere e depositari del potere» (F. DI FORTI, *Le radici profonde della mafia*, cit., p. 101).

109 Si veda la cit. sopra riportata nota 7. La completiamo con le parole che immediatamente precedono: «Che cosa sia io non so dire; perché nel significato che questa parola è venuta oramai a prendere nel linguaggio ufficiale d'Italia è quasi impossibile il definirla. Si metta insieme e si confonda un po' di sicurtà d'animo, di baldanza, di braveria, di valentia, di prepotenza e si avrà qualcosa che arieggia la mafia, senza però costituirla.

La mafia non è setta né associazione, non ha regolamenti né statuti. Il mafioso non è un ladro, non è un malandrino; e se nella nuova fortuna toccata alla parola la qualità di mafioso è stata applicata al ladro e al malandrino, ciò è perché il non sempre colto pubblico non ha avuto il tempo di ragionare sul valore della parola, né s'è curato di sapere che nel modo di sentire del ladro e del malandrino il mafioso è semplicemente un uomo coraggioso e valente che non porta mosca sul naso; nel qual senso l'essere mafioso è

rivelatrice di una verità la cui portata doveva essere ignota all'autore stesso che l'ha formulata. Assorbendo la mafia nelle sue connotazioni esclusivamente psicologiche, Pitré certamente contribuisce a creare quel „paradigma riduzionista", secondo cui essa invece che come fatto criminale doveva essere proposta come una manifestazione di „cultura" propria dell'isola, e cioè, con parole nostre, come un tipo di orientamento comportamentale attraverso cui si raggiunge una forma specifica di regolazione sociale[110]. La riduzione della mafia a motivo culturale ha poi come cornice più ampia il proposito di smascherare gli intenti „colonizzatori", operati a danno del Sud, con cui le forze nordiste avrebbero concepito il nuovo disegno dell'Italia unita, servendosi a questo proposito di una pretestuosa „questione siciliana" che avrebbe il suo perno nell'esistenza di una particolare emergenza criminale. Si rispondeva allora che la diversità della Sicilia poteva essere individuata nel fatto mafioso solo in quanto questo costituisse soltanto una peculiarità del suo orizzonte culturale, al cui interno si verrebbe a collocare come manifestazione innocente e non criminalizzabile.

Ma un'argomentazione di questo tipo se pur era in grado di far scomparire la dimensione criminale propria della mafia era poi anche in grado di occultarla in quanto fenomeno di patologia sociale? Posto pure che la mafia fosse solo un dato di cultura e di carattere (un modo di sentire), e ammesso quindi che se ne potesse lasciare in disparte il suo aspetto criminale, come dato meramente residuale, con ciò di certo il problema non scompare, anzi, venendo ad interessare l'agire ed il comportamento dei siciliani, deve risultare ancor più aggravato. In fondo, finché si fa della mafia solo un problema criminale, ci si astiene con ciò dal chiamare in causa la dimensione antropologica e collettiva dell'agire

---

necessario anzi indispensabile» (G. PITRÉ, *Usi e costumi...*, cit., p. 291). A Pitré stanno a cuore innanzitutto le sorti del buon nome della Sicilia, e con ciò finisce per avallare, facendone un tratto di costume, un modo di sentire, lo stesso fenomeno mafioso, di cui nega la specificità criminale in quanto fatto siciliano. Che l'argomentazione di Pitré sia intrinsecamente contraddittoria é stato già notato da A. BUTTITTA, «Pitré e la mafia» (1968), in ID., *Ideologie e folclore*, Flaccovio, Palermo, 1971. Si veda anche G. BONOMO, *Pitré, la Sicilia e i siciliani*, Sellerio, Palermo, 1989, in part. pp. 338-354.

[110] Sulla costruzione storica del „paradigma riduzionista" si veda P. PEZZINO, *Stato violenza società. Nascita e sviluppo del paradigma mafioso*, in M. AYMARD/G. GIARRIZZO (a cura di), *Sicilia*, cit. e ID, «Onorata società o industria della violenza? Mafia e mafiosi tra realtà storica e paradigmi sicilianisti», *Studi storici*, n. 2, aprile/giugno 1988.

sociale. Ma se si vuol far sparire il carattere criminale della mafia appellandosi ai valori e alla cultura specifica dei siciliani, allora finisce che la stessa „sicilianità" (cioè appunto l'intero quadro di riferimento che fa da guida ai rapporti reciproci nello specifico contesto isolano) viene ad essere chiamata in causa. Il „paradigma riduzionista" entra quindi in contraddizione con se stesso e con i suoi stessi intenti, in quanto ciò che esso vuole salvaguardare come diversità siciliana costituisce, come ora vedremo, proprio quanto impedisce alla Sicilia di mettersi al passo con le esigenze della civilizzazione moderna. L'occultamento stesso del fenomeno criminale mafioso lascia trasparire una refrattarietà tutta siciliana all'affermarsi della civilizzazione stessa in quanto tale. Come fenomeno unicamente criminale, la mafia non ci svelerebbe alcuna specifica patologia siciliana nei confronti del processo di civilizzazione; ma proprio in quanto lo si vuole nascondere dietro l'intero universo che l'esprime, allora il problema mafioso si trova connesso al nodo problematico del carattere lacunoso e contraddittorio con cui si presenta il percorso della civilizzazione in Sicilia. Ciò verso cui dobbiamo rivolgerci è dunque la sfera di valori, l'orientamento comportamentale, dell'agire sociale, da come viene alla luce nel contrasto con i requisiti richiesti da una civilizzazione riuscita.

Dalle parole di Pitré, e da altre fonti dello stesso tenore cui faremo ancora riferimento, risulta che mentre altrove si andavano formando le nuove virtù borghesi che piegavano l'individuo ai compiti e alle esigenze di strutturazione efficientistica dell'intero sistema sociale, in Sicilia invece continuava a prevalere un codice culturale di riferimento in cui le relazioni di potere e le relazioni sociali mantenevano ancora un carattere personale, in cui, vale a dire, gli individui erano portati a preporre l'«amor proprio» all'oggettività delle prestazioni in quanto tali. È da tale discrepanza, dove si mostrano all'opera orientamenti culturali e disposizioni spirituali differenti e tra loro incongrui, che si origina l'incapacità siciliana nel far proprie le forme della civilizzazione.

Del resto, la civilizzazione si basa su presupposti che non si danno spontaneamente e che non erano per nulla inscritti nell'ordine naturale, se così si può dire, del percorso storico. Non si tratta di un processo che si ponga immediatamente a portata di mano o verso cui ci si orienti anche in presenza di forti stimoli esterni. Non abbiamo a che fare con il risultato di un progresso lineare e privo di soluzione di continuità con l'orizzonte degli assetti sociali di tipo tradizionale, ma invece con il delinearsi di disposizioni e di modelli di azione sociale faticosamente costruiti e in controtendenza con le forme secolarmente date (tanto da apparire, solo queste, più consone alla stessa natura umana) di regolazione sociale. La civilizzazione costituisce un dato, anzi un evento, „contronatura“. Mostrarsene refrattari significa soltanto mantenersi entro un orizzonte di cultura che è molto più vicino alla dinamica propria con cui si obbedisce, dentro la vita di società, alle istanze primarie (materiali, spirituali, pulsionali) di soddisfacimento. Ciò che urge negli individui e nelle formazioni sociali, perché trovi espressione all'esterno, non conduce alla civilizzazione di tipo moderno, anzi semmai la rende impossibile. La nostra civilizzazione è il prodotto di una costrizione che indirizza verso un tipo di ordinamento sociale cui nessuna dinamica spontanea delle società esistite prima del suo avvento avrebbe spontaneamente condotto. Essa è sorta dalla ferita prometeica che l'uomo ha inciso sul suo corpo e sul suo spirito, è il prodotto della sua ribellione all'ordine della natura e a qualsiasi imposizione che non provenga dalla sua incondizionata volontà[111]. Essa ha visto la luce in seguito al taglio cesareo che l'uomo ha praticato su se stesso a carne viva, per un parto che di per sé non avrebbe sortito un buon esito. Essa si insedia come il prodotto di un'aspirazione al limite del concepibile, per cui l'uomo vuole essere colui che si genera da se stesso, il nato due volte, per il quale solo la seconda nascita, quella che egli si assicura per opera propria, contiene valore. Per giungere a questo risultato, per dispiegare il proprio „orgoglio prometeico“[112], l'uomo accetta di sottoporsi alle prove più inumane. L'emancipazione moderna ha come risvolto la disponibilità a passare per la peggiore servitù, per un'esperienza di autodisciplinamento cioè che non ha riscontro in nessun'epoca passata. Decidersi per i movimenti da cui essa sarà prodotta significa tagliarsi tutti i ponti alle spalle (anzi, come nella leggenda dei *conquistadores* spagnoli, comporta il dar fuoco ai vascelli con i quali si è pervenuti nella nuova terra incognita per impedirsi ogni tentazione di fuga e ritorno) e avventurarsi per un cammino accidentato e gravoso, di cui è incerta la meta, anche se la promessa è quella di un indefinito perfezionamento. Così la

---

[111] Perciò, come già bene aveva visto Camus, la civilizzazione si lega inseparabilmente alla stessa vicenda del nichilismo. Si veda A. CAMUS, *L'homme révolté*, Gallimard, Paris, 1951; trad. it., *L'uomo in rivolta*, Bompiani, Milano, 1957 (nuova ed. tasc. 1994).

[112] L'espressione è di G. ANDERS, *Die Antiquiertheit des Menschen*, Beck, München, 1961; trad. it., *L'uomo è antiquato*, Bollati Boringhieri, Torino, 1993.

civilizzazione moderna apre un abisso nella storia, in cui finiscono per precipitare tutti coloro che non sono capaci di compiere il salto che essa richiede. Essa impone una scelta a cui ci si vota, e soprattutto a cui ci si costringe, e che gli uomini, di per sé, se avessero dovuto obbedire soltanto alla voce delle loro pulsioni o della loro „ragione naturale", non avrebbero mai incontrato sulla loro strada. La civilizzazione è stata un esito pagato a costo di grandi sofferenze e privazioni, di cui non sappiamo ancora quanto ne sarà valsa la pena, cioè se effettivamente essa saprà risarcirci con le promesse di cui si era caricata. Certo, come i corifei delle magnifiche sorti e progressive non mancano di acclamare ad ogni piè sospinto, essa infine è giunta a gratificarci con un numero di comodità senza confronti superiore rispetto a tutte quante le epoche passate messe insieme[113], ma ciò nonostante si tratta di risultati raggiunti attraverso le pesanti mutilazioni cui l'essere umano civilizzato ha accettato di sottoporsi. Solo quando le forme culturali di resistenza alla civilizzazione diventano puramente autodistruttive (del resto sotto l'urto del suo stesso procedere) e quindi incapaci di reggere con essa un qualsiasi confronto sul piano della legittimità e del valore (ammesso che in questo senso forme sociali diverse siano veramente confrontabili), solo allora la civilizzazione ha l'obbligo di imporre i suoi costi perché sia fatta salva la convivenza umana. Per chi non vuole andare con le bende negli occhi, la civilizzazione può essere accettata solo come „destino".

I tratti peculiari che spiegano la genesi strutturale della moderna civilizzazione possono essere individuati in quel processo di razionalizzazione di cui ha parlato Max Weber, per sottolineare l'unicità e le condizioni affatto particolari del suo sorgere in Occidente. Altrettanto singolari sono le intenzioni e i presupposti di valore del suo sorgere. A partire dai connotati psicologici dell'agire razionale, possiamo vedere come essi si intreccino con i motivi religiosi e quali effetti di ricaduta hanno anche per l'osservazione di tipo sociologica (integrando in questo modo Weber con Freud). Il processo di razionalizzazione comporta che, mentre l'individuo da un lato si afferma come soggetto razionale che sta a capo del suo mondo pulsionale interno, dall'altro l'universo sociale si trova anch'esso razionalmente organizzato sulla base di relazioni tra individui aventi carattere esclusivamente oggettivo e

---

113 Si veda a questo proposito emblematicamente P. MELOGRANI, *La modernità e i suoi nemici*, Mondadori, Milano, 1995.

impersonale (in ultima analisi sulla base di relazioni di tipo principalmente economico). Per quanto riguarda il primo aspetto, quello cioè di carattere psicologico, il quale del resto costituisce il presupposto della forma che assumono le relazioni sociali (l'individuo razionale è infatti il presupposto del carattere razionale dell'intero universo sociale), la civilizzazione richiede non solo il controllo delle pulsioni, magari connesso soltanto ad una capacità di dilazione e spostamento, ma anche una vera e propria rinuncia ad esse, per cui il principio del piacere deve porsi in posizione del tutto residuale rispetto al principio di prestazione[114] (oppure, come avviene più tardi, può sprigionarsi solo in funzione di quest'ultimo, quando cioè è ormai solidamente e senza scampo posto al suo servizio[115]). La civilizzazione moderna è un prodotto dell'uomo che mette in subordine, o addirittura accantona, tutto il suo sostrato istintuale, procedendo ad una costruzione del Sé e del proprio carattere, innanzitutto rifiutando ogni indulgenza ai propri appetiti e ai desideri immediati o spontanei. Almeno fino alla protesta romantica e al suo stravolto trionfo avvenuto nel nostro secolo, si percepisce con i connotati della peccaminosità e della colpa tutto ciò che in se stessi viene avvertito come mera natura, e solo in quanto si riesce ad esercitare violenza verso i moti immediati del proprio cuore, stornando via da sé gli impulsi passionali, ci si tiene con ciò distanti dalla tentazione del peccato o dal pericolo sempre in agguato dell'angoscia. Tutto ciò che è natura va dominato, sia al proprio interno, in quanto mondo caotico della concupiscenza che mira solo all'autosoddisfazione di ciò che è meramente creaturale, sia in quanto natura esterna, su cui deve imporsi il mondo ordinato e regolato degli uomini che, attraverso il lavoro, hanno trasceso se stessi. L'individuo razionale, allora, e l'affermarsi della ragione nel mondo (la scienza, la tecnica, l'economia, l'amministrazione della società) hanno come presupposto l'autorinuncia del singolo verso quella parte di se stesso che egli avverte come natura. La costruzione del Sé che pure (ed anzi solo) in questo modo ha luogo, coincide dunque con un'automutilazione.

---

[114] Cfr. H. MARCUSE, *Eros and Civilisation. A Philosophical Inquiry into Freud*, The Beacon Press, Berkeley, 1955; trad. it., *Eros e civiltà*, Einaudi, Torino, 1964.

[115] Cfr. M. HORKHEIMER/Th. W. ADORNO, *Dialektik der Aufklärung*, Querido, Amsterdam, 1947; trad it., *La dialettica dell'illuminismo*, Einaudi, Torino, 1966.

La civilizzazione, con tutte le sue conquiste materiali (e spirituali), è dunque in rapporto con il formarsi di un'individualità che si forgia sulla base della propria rinuncia pulsionale[116]. Certo, tutte le civiltà si basano (e lo richiedono) sul sacrificio delle pulsioni. Ma con la civilizzazione moderna una tale subordinazione del mondo pulsionale diventa un compito cosciente e metodicamente perseguito a livello di strategie individuali di esistenza (diventa cioè uno stile di vita), connesso all'ascesi intramondana di cui ha parlato Max Weber[117]; e soprattutto essa è condotta senza che possa alimentare la pretesa ad una ricompensa futura, ma soltanto per un senso puro e astratto del dovere, che tutt'al più mira a diventarne degni. E mentre nelle civiltà tradizionali la compressione del sostrato naturale-istintuale è in qualche modo lenita dalle forme comunitarie di esistenza, ma soprattutto dai riti compensatori (del tipo di quelli indicati da Mircea Eliade nel mito dell'eterno ritorno[118]) oppure dalle aspettative future di risarcimento (la cristiana mortificazione del corpo, infatti, si compiva proprio in attesa della stessa resurrezione della carne), con la civilizzazione moderna la rinuncia viene assunta in proprio, si trasforma in travaglio interiore e diventa incondizionata, senza possibilità di sospensione, senza fine e senza neppure la speranza (con il che si avrebbe una via d'uscita) che essa costituisca la strada della redenzione (per la fede riformata la grazia divina è immeritata e insondabile). Ma è proprio grazie a questo carattere incondizionato e alla sua assunzione interiorizzata che la rinuncia pulsionale innesca una dinamica di dominio da cui scaturisce la costruzione del Sé (come manifestazione di carattere conseguente all'aver sopportato la stessa mutilazione infertasi) e, nello stesso tempo, conduce ad un inesausto investimento di attività nel mondo esterno[119].

Tutto questo, naturalmente, sta in opposizione con un contesto in cui invece non s'è appresa l'arte dell'autorinuncia, in cui cioè l'individuo non ha compreso (o non è in questo senso disponibile) che l'operare nel

---

[116] S. FREUD, *Das Unbehagen in der Kultur* [1929], in ID. *Gesammelte Werke*, vol. 14, Frankfurt a.M., 1948, trad. it., *Il disagio della civiltà*, Boringhieri, Torino, 1979.

[117] M. WEBER, *L'etica protestante...*, cit.

[118] M. ELIADE, *Le mythe de l'eternel retour*, Gallimard, Paris, 1979; trad. it., *Il mito dell'eterno ritorno,*

[119] Si veda N. O. BROWN, *Life against Death*, Wesleyan University, 1959, trad. it., *La vita contro la morte. Il significato psicoanalitico della storia*, Adelphi, Milano, 1964.

mondo comporta il sacrificio di se stessi e che proprio in questo sacrificio si ha la prova della propria formazione di carattere. Se allora ritorniamo alle parole di Pitré ci accorgiamo come, nel voler giustificare la mafia attraverso le specifiche condizioni locali del suo manifestarsi, egli in realtà ci addita, attraverso la configurazione psicologica che ce ne offre, il contrasto di fondo in cui vengono a trovarsi le qualità mafiose, come espressione della cultura siciliana, e le esigenze della civilizzazione. Un esagerato sentimento dell'Io, infatti, rappresenta l'esatto contrario rispetto a quella necessità del suo sottoporsi a compiti di servizio, ad un'attività e ad un'opera che oltrepassi il mero ed esclusivo riferimento a sé, che abbiamo visto essere il presupposto stesso che mette in moto la dinamica della civilizzazione.

Anche Alongi (volendo ora rifarci ad altre testimonianze che supportino la traccia riflessiva offertaci da Pitré), nel secolo scorso, per spiegare le origini e la natura della mafia non poté fare a meno di rifarsi ai connotati psicologici predominanti in Sicilia. I siciliani, egli notava, hanno un carattere improntato a «esagerato sentimento di se stesso», a «egoismo sconfinato», a «orgoglio» e «pienezza individuale»[120]. In termini psicoanalitici, potremmo dire, ci troviamo di fronte ad una personalità narcisistica in cui la libido rimane centrata su se stessa, e non è portata invece a riversarsi in un investimento oggettuale esterno[121] - una pratica che, assumendo forma sublimata, conduce proprio ai traguardi della civilizzazione. Da qui anche quel dipendere dalla considerazione altrui, quella «sensibilità patologica al giudizio del prossimo»[122], che, come tipologia del siciliano, sono altresì caratteristici dello stato di dipendenza in cui si trova il narcisista, sempre proteso a trovare negli altri lo stesso tipo di amore che egli porta a se stesso, e per il quale gli altri sono sempre uno strumento per il proprio desiderio e non dei partner con cui intraprendere delle imprese comuni al di qua e al di là del principio del piacere. Essendo la libido centrata su di sé, risulta impossibile l'investimento oggettuale esterno, per cui il mondo non riesce a divenire oggetto di un costante e fervoroso operare. Il desiderio

---

[120] G. ALONGI, *La maffia* [1886], Sellerio, Palermo, 1977, p. 39.

[121] S. FREUD, *Jenseits des Lustprinzips* [1920], trad. it., *Al di là del principio del piacere*, in ID., *Opere 1905-1921*, Newton, Roma, 1992; S. FREUD, *Zur Einführung des Narzissmus* [1914]; trad. it., *Introduzione al narcisismo*, in ibid.

[122] G. BUFALINO, *La luce e il lutto*, cit., p. 23.

da cui l'individuo è animato non si indirizza all'esterno, ma viene continuamente   masticato e rimasticato dentro di sé. Sul piano più strettamente erotico (ma anche l'economia, così fredda e così seria, costituisce una forma di investimento libidico[123]), come mostrano i romanzi di Brancati, si trova ostruito il canale di passaggio per cui la donna tanto ambita possa divenire, da rappresentazione interna di desiderio, un reale oggetto di godimento sessuale[124]. Perciò qui la donna non è mai un essere concreto, ma sempre e solo il tipo della donna. Per i personaggi brancatiani è sufficiente che la donna accendi il desiderio, dopo di che essa svapora in una mera immagine interiore la cui realtà si esaurisce nell'essere una proiezione a circuito chiuso delle stesse istanze pulsionali dell'individuo. Ed è solo questa immagine ad essere posseduta, in una sorta di anelito onanistico per cui ciò che si desidera in realtà non è altro che il proprio stesso desiderio.

Tutto questo non è senza legami con il carattere proprio della società siciliana, così centrata attorno alla figura materna (il che, a sua volta, è in relazione, sul piano delle rappresentazioni religiose, con la centralità del culto della Madonna cui si è già accennato[125]). L'assenza del padre, per il quale la cerchia dell'esperienza di vita si trova del tutto al di fuori della famiglia[126], abbandona alla madre il compito di

---

[123] Cfr. N. O BROWN, *La vita oltre la morte*, cit.

[124] «Ma è propriamente dongiovannismo, e nel senso originale e radicale e nel senso caricaturale e svagato, la dedizione assoluta e ossessiva che questi catanesi offrono alla donna? Intanto è appunto un'offerta, un rito di offerta più che una pratica di conquista, un gioco di immaginazione più che azione». In Brancati, insomma, troviamo più che la donna «l'insostituibile piacere del „discorrere sulla donna" (non sostituibile, e *aquí está el busilis*, dalla donna stessa)» (L. SCIASCIA, *Don Giovanni a Catania*, in *La corda pazza*, in ID., *Opere. 1956-1971*, cit., p. 1122-1123). Il piacere per il mistero della donna che si dissolve nel momento in cui essa può diventare effettivo oggetto d'amore si trova già anticipato in una novella di Verga che porta come titolo la lettera dell'incognita: «X».

[125] Ma bisogna risalire ancora più indietro, al culto della Grande Madre Mediterranea, che si è conservato come modelli archetipico nel sottofondo ancestrale della coscienza del siciliano (si veda S. DI LORENZO, *La Grande Madre Mafia. Psicoanalisi del potere mafioso*, Pratiche, Parma, 1996).

[126] Per cui si può parlare di «vuoto di potere lasciato dall'uomo nel territorio domestico» (*ibid.*, p. 100). Valgono qui, adeguate ad un contesto diverso, paradossalmente ancora di tipo tradizionale, in cui cioè non si tratta di eclisse post-borghese della figura paterna, ma di assenza costitutiva propria del modello di organizzazione familiare della società siciliana, alcune delle osservazioni a questo proposito svolte da A. MITSCHERLICH, *Auf*

trasmettere ai figli le idee morali cui essi devono sottostare[127]. Il potere materno è costitutivamente incapace però di trasmettere al figlio il modello del Super-io, poiché la minaccia di castrazione che essa può far pesare è segnata dall'ambivalenza: da evento temuto diventa evento desiderato, in quanto permette il ritorno allo stato simbiotico pre-natale (il figlio castrato è come se fosse divorato e quindi ripreso nel grembo materno a cui aspira ritornare). In sostanza, nella relazione duale madre-figlio la minaccia di castrazione non può avere quegli effetti di differenziazione sulla personalità del figlio che si avrebbero invece nel caso della tipica configurazione triangolare edipica. Ne deriva pertanto una debilitazione delle forze psichiche che sarebbero in grado di strutturare le funzioni dell'Io, come risultato del confronto tra moti pulsionali interni e principi normativi esterni (che costituiscono il mondo dell'oggettività e dei valori impersonali superordinati) incarnati dalla figura paterna. L'individuo, irretito nel rapporto fusionale con la madre, rimane in balia delle sue forze pulsionali le quali, lasciate così in uno stato di emersione continua, in forma libera e fluttuante, straripano verso l'esterno[128].

Con ciò, dunque, la maturazione psicologica dell'individuo risulta bloccata[129], in quanto sui processi di identificazione che dovrebbero

---

dem Weg zur vaterlosen Gesellschaft, Piper, München, 1963; trad. it., *Verso una società senza padre*, Feltrinelli, Milano, 1970.

[127] Si afferma perciò nella realtà sociale una morale *materna* che è diversa da quella *paterna*: la prima si regola sulla logica del legame affettivo, personale e diretto, della fedeltà, della predilezione irrazionale e dell'appartenenza; la seconda si affida ad un legge astratta e impersonale, sulle valutazioni obiettive e sul criterio dei meriti individuali (S. DI LORENZO, *La Grande Madre Mafia*, cit., p. 25). «Nel regno della Madre, dove il figlio è „l'eletto", fuso con lei e partecipe di ogni suo bene e di ogni privilegio elargito da lei, anche la legge è fatta su misura, secondo l'interesse personale del singolo» (*ibid.*, p. 26).

[128] Come osserva ancora Mitscherlich a proposito del personaggio del film messicano „Los Olvidados" di Buñuel, «il giovane bandito obbedisce alla legge di imperiosi desideri istintuali; non possiede un punto di riferimento extra-istintuale, che gli permetta di riconoscere se stesso e di orientarsi secondo una scelta consapevole» (A. MITSCHERLICH, *Verso una società senza padre*, cit., p. 177).

[129] «L'io debole, se è consentita l'approssimazione, a me pare, un dato strutturale della personalità del Mezzogiorno» (P. VIOLANTE, *Il disagio del progresso*, cit., p. 5). I siciliani si caratterizzerebbero per essere «soggetti labili, dall'io debole che cercano sostegni fuori di sé; soggetti che non hanno il senso della durata, del dispiegarsi del tempo; che vivono di e per improvvise accensioni, come se, senza l'altro, fossero ombre»

condurre alla formazione di un Io autonomo e adulto, domina invece un insuperabile stato di dipendenza erotica ed affettiva che si fissa sull'esclusività del ruolo materno[130]. Dalla dipendenza materna si esce infatti attraverso l'identificazione con la figura normativa del padre, il quale, attraverso la rinuncia pulsionale cui egli costringe, insegna il raggiungimento di uno stato di indipendenza affettiva e di maturità che consente l'utilizzazione strutturata e sublimata degli stessi impulsi pulsionali. Qui invece la stessa identificazione non trova altro canale che quello di rimanere fissata sulla figura materna, e di conseguenza mantiene in essere uno stato di vaporosa effervescenza delle forze pre-razionali che si agitano nell'individuo. Con la crescita non matura anche la capacità di controllo pulsionale, e di conseguenza la vita adulta si pone ancora all'insegna del sentimento di onnipotenza derivato dall'assunto che, come avviene nell'attaccamento simbiotico del bambino alla madre, il desiderio debba trovare una illimitata e pronta soddisfazione. L'agire nel mondo diviene allora una continua ricerca di „piacere" (piacere di sé e piacere centrato sul sé), si mantiene cioè in uno stato di investimento libidico dipendente, che rappresenta una riproduzione del rapporto instauratosi con la madre durante la prima infanzia, quando come passivi oggetti del suo amore si godeva senza sforzo, con le sue cure e le sue attenzioni, della soddisfazione di tutte le istanze pulsionali. Il flusso dell'energia pulsionale, poiché non si imbatte nel mondo esterno alla

---

(*ibid.*, p. 8). Ma già Sciascia aveva notato: «L'incertezza siciliana è pazzesca e seducente... Non abbiamo sicurezza interiore, non siamo sicuri di noi stessi... I siciliani non credono in niente» (da un'intervista rilasciata a *Critica Sociale* [1978] e quindi in *La palma va a Nord*, Gamma Libri, Milano, 1982).

130 Una società come quella mafiosa che si costituisce come comunità di fratelli (si veda F. DI FORTI, *Le ragioni profonde della mafia*, cit., p. 89, *passim*), non potrebbe avere perciò altro contesto più appropriato che quello siciliano, il quale si caratterizza con l'essere una „società senza padre". Come al suo interno la mafia tende costantemente a cautelarsi di fronte al pericolo di una risorgenza dell'autorità paterna nella figura del „capo dei capi", così la sua funzione esterna di delegittimazione dell'autorità statale si pone come rifiuto di una società gestita dallo Stato in quanto trasposizione della figura dispotica del padre, la cui sola presenza finisce per alimentare l'angoscia da castrazione, derivante dall'insuperato stato di simbiosi con la madre (che l'affiliazione mafiosa potenzia ancor di più) in cui si vive. Sul piano psicanalitico, la mafia costituisce dunque una forma di protesta e di autodifesa contro la paternalizzazione della società. «I mafiosi dirigono la loro aggressività su coloro che tradiscono o misconoscono il patto segreto su cui si fonda la fratellanza: dedizione all'imago della madre e odio per il padre o per i suoi rappresentanti» (*ibid.*, p. 88).

ricerca di un oggetto che lo obblighi a definirsi, non trova occasione per sottoporsi ad una dinamica di strutturazione che porti alla costruzione del Sé, e neppure quindi può essere posto al servizio dei fini sublimati di dominio del mondo esterno. La pratica con l'oggetto del desiderio rimane infantilmente appropriativa, senza cioè che si dia modo di distinguere tra sé e il mondo, e di conseguenza assume carattere aggressivo e violento. Il mafioso vive in uno stato di delirio narcisistico di onnipotenza.

Una connotazione fortemente infantile d'altronde caratterizza lo stesso universo sociale siciliano, come si vede dalla accondiscendenza senza limiti che qui si mostra nei confronti del bambino. Poiché nell'interazione con esso l'adulto trova finalmente piena conformità con il suo reale stato psicologico, la complice arrendevolezza a cui si compiace di abbandonarsi è quasi un modo per indulgere verso quella stessa indomita pulsionalità su cui non è mai stato in grado di venire a capo. L'adulto trova finalmente nel bambino la sua occasione per poter rivelare indisturbato la latenza regressiva che si porta prepotentemente dentro: venendo incontro al suo mai superato infantilismo, egli invece di condurre il bambino sulla sua strada (che è anche il senso profondo della parola educare, *ex-ducere*, condurre-fuori in un altro cammino), di familiarizzarlo con il suo mondo di regole, di controlli, di divieti, di prescrizioni, di disciplina, insegnandogli a sopportare e a far tesoro delle esigenze della realtà (come presupposto alla futura introiezione del principio di prestazione), si trasporta al contrario egli stesso al livello della dimensione psichicamente vaporosa del bambino, del suo mondo sospeso e irreale, rafforzando in lui quel gusto infantile per le trasgressioni da cui egli stesso, per parte sua, non ha mai preso congedo, e che spiegano in grossa misura il suo stesso attaccamento all'infanzia (che non è dunque rispetto per la dimensione propria del bambino, ma egoistica autocondiscendenza verso la propria immaturità pulsionale).

Naturalmente, il siciliano, come è nel suo stereotipo, si caratterizza anche per un attaccamento molto forte all'idea di virilità, di „omirtà", cioè dell'essere uomini, di aver fermezza, capacità di decidere e di star saldi nelle proprie decisioni; l'essere una banderuola è giudicato tra le peggiori e più deleterie manifestazioni di carattere, anzi come l'assenza stessa di carattere, mentre l'„ominu" è colui che senz'altro si attiene alla parola data[131]. La fedeltà a quanto si è semplicemente promesso, senza bisogno di altro impegno sottoscritto, è considerata come una delle maggiori virtù, e la più alta stima di se stessi è posta proprio nel pregio che deriva per il fatto di passare come uomini di parola. Questo siciliano tutto d'un pezzo apparentemente sembra contraddire l'immagine fin qui descritta, quella cioè di un essere segnato da un inguaribile infantilismo, trascinato da pulsioni incontrollabili e tra loro inconciliabili. In realtà è sempre lo stesso. Il siciliano in quanto uomo di carattere, infatti, non è altri che lo stesso narcisista (gonfiato di orgoglio, di egoismo, del bisogno di mostrare la propria superiorità) che sa essere all'altezza delle sue pulsioni, che dunque, pur essendone dominato, non ne è travolto, ma ha la capacità di renderle ancor più operanti in quanto ha saputo porre la dimensione dell'Io del tutto al loro servizio. Il controllo delle pulsioni, che pure qui (quando cioè abbiamo a che fare, per dirla alla maniera del personaggio di Sciascia, con „uomini" e non con „quaquaraquà"[132]) è messo in atto, non mira però alla loro repressione, ma si occupa invece di strutturare la libido, comunque ormai deviata in senso narcisistico, in direzione di un suo immediato soddisfacimento. L'uomo di carattere è qui perciò il narcisista realizzato, vale a dire colui che non si è fatto travolgere dalla prossimità e dalla continua, fluida, emersione delle pulsioni, che ha saputo starne a capo, rimanendo esposto al loro attacco, che dunque le ha tenute a bada solo perché alla fine potessero trovare una più piena soddisfazione. La struttura adulta di comportamento che così si raggiunge (l'essere „omini) è messa perciò in realtà al servizio del soddisfacimento delle istanze pulsionali infantili che continuano a dominare incontrastate. Poiché la crescita psichica è rimasta bloccata, il soddisfacimento libidico richiesto non è quello che si indirizza verso un

---

131 Da *essiri ominu* è derivato probabilmente l'astratto *omirtà*, termine che è poi servito a designare la capacità di non cedere di fronte alle pressioni della forza pubblica, di mantenere il segreto o il silenzio e quindi di essere "ominu di panza", vale a dire che non ha "vudeddu lisciu", cioè che ha abbastanza stomaco per starsene zitto. Del resto, è un modo di dire e di pensare non solo siciliano quello secondo cui è da donne l'incapacità di mantenere un segreto, l'irresistibile tendenza a spifferare tutto. Viceversa, per un siciliano anche le donne possono essere capaci di "omirtà". Il significato originario di questo termine però è un corrispettivo della parola latina "virtus" (che appunto deriva da *vir*) e del greco "areté" (che significa *eccellenza*), anche se ovviamente con altri contenuti e riferimenti culturali.

132 L. SCIASCIA, *Il giorno della civetta* [1961], in ID., *Opere. 1956-1971*, cit.

oggetto esterno, in quanto parte di un mondo che sfugge all'onnipotenza pulsionale, ma è quello che rifluisce verso lo stesso soggetto delle pulsioni. Il godimento pulsionale adulto assume perciò la forma di una affermazione narcisistica di sé: è per questo motivo che, come si riassume nel detto mafioso, «cumannari è megghiu di futtiri» (vale a dire: il comando, cioè il soddisfacimento libidico in direzione di se stessi, dà più piacere, e non può essere altrimenti, dato questo tipo di personalità, del soddisfacimento erotico e pulsionale che può derivare dal rapporto con una donna, in quanto oggetto di investimento libidico a sé esterno, e in quanto *eros* strutturato dall'interazione con un oggetto esterno di amore). C'è bisogno di dire che lo stesso dominio delle pulsioni di morte è connesso a questo capovolgimento delle istanze erotiche, portate a far scempio di se stesse[133]? L'unico meccanismo di difesa a cui ci si rivolge di fronte alla continua irruzione della legge del desiderio è quello di accentuare fino all'estremo la propria dipendenza e l'annientamento del Sé in quanto personalità differenziata. Le pulsioni erotiche rivolte alla figura materna si trasformano quindi in desiderio di morte e di autoannullamento, perché solo così possono trovare soddisfazione. Le pulsioni di morte aspirano però a manifestarsi come il segno ultimo e più alto di amore nutrito verso la legge della madre, come estremo sacrificio di sé nella lotta contro l'introduzione e le pretese del principio paterno. Esse perciò innanzitutto si strutturano come aggressività e violenza rivolte verso l'esterno, dirette alla morte dell'altro, delle figure e dei ruoli paterni che minacciano la supremazia della madre e la rottura dello stato fusionale con essa. Ma nel portare la morte fuori di sé, è sotteso in realtà il desiderio di cercare la propria morte ed è un modo di stornarlo. Nella violenza mafiosa vive perciò un tratto di quell'aspirazione al sonno, propria dei siciliani, di cui parla Don Fabrizio Salina nel Gattopardo e che lascia attonito Chevalley, il quale, da buon piemontese, si aspettava di poter risolvere una faccenda estremamente pratica tra due gentiluomini portandola a vantaggio del bene comune: «Il sonno è ciò che i siciliani vogliono [...]. Tutte le manifestazioni siciliane sono manifestazioni oniriche, anche le più violente: la nostra sensualità è desiderio di oblio, le

---

[133] S. FREUD, *Jenseits des Lustprinzips* [1920]; trad. it. *Al di là del principio del piacere*, in ID. *Opere 1905-1921*, Newton, Roma, 1922.

schioppettate e le coltellate nostre, desiderio di morte; desiderio di immobilità voluttuosa, cioè ancora di morte, la nostra pigrizia...»[134].

Senza l'opera di disciplinamento, allora, imposta sul proprio mondo pulsionale (come esito di una identificazione e di un'adesione ad una istanza normativa che è posta, detto in un'ottica psicoanalitica, al di là del ruolo materno e, in un'ottica religiosa, al di là del mondo terreno), fallisce quel risultato di una condotta razionale e metodica di vita che, come ha mostrato Max Weber, costituisce un connotato essenziale della moderna civiltà capitalistica. Certo è che le doti per divenire un *homo oeconomicus*, cioè per concepire il proprio agire in termini di strategie acquisitive incanalate dentro forme di attività lavorative e di impresa, non formano per nulla un retaggio costitutivo dell'essere umano[135], ma furono conquistate attraverso un'opera severa di autoimposizione, tanto da apparire come il rinserrarsi dentro un rigido mantello, fino a diventare in seguito (sempre nelle parole di Weber) la „gabbia d'acciaio" della propria servitù. Già Freud aveva visto come i più alti risultati della civilizzazione, e cioè la buona amministrazione, il senso dell'ordine e della pulizia che imperano nella vita privata e in quella pubblica, dovevano essere considerati un prodotto della rinuncia e della sublimazione di istanze pulsionali inconfessabili e socialmente oggetto di vergogna. Ma, in un altro senso, il credere che la società capitalistica sia soltanto un'enorme macchina diretta alla produzione di beni materiali tali da soddisfare i nostri più svariati desideri, significa non comprendere che il funzionamento di una tale macchina impone, in realtà, ed anzi presuppone, proprio la rinuncia alla soddisfazione immediata del

---

[134] G. TOMASI DI LAMPEDUSA, *Il Gattopardo*, Feltrinelli, Milano, 1971, p. 121 [1a. ed. 1958].

[135] Anzi, «l'uomo pre-capitalistico è l'uomo naturale, l'uomo come Dio lo ha creato. È l'uomo che non si pone in equilibrio sulla testa, camminando sulle mani (come fa l'uomo economico dei tempi nostri), ma che sta saldo in terra sulle sue gambe e su esse traversa il mondo» (W. SOMBART, *Der Bourgeois*, Leipzig, 1913; trad. it., *Il borghese*, Longanesi, Milano, 1978, p. 3). Interessanti le considerazioni critiche ed esplicative svolte sulla scorta di Sombart da M. SCHELER, *Der Bourgeois* [1914], in ID., *Gesammelte Werke*, vol. 3,...; trad. it., *Il borghese*, in ID., *Lo spirito del capitalismo*, Guida, Napoli, 1978. Qui, esplicita Scheler *en passant*, il borghese «è un particolare scherzo di natura» (*ibid.*, p. 57).

desiderio[136], a cui viene consentito di emergere soltanto in forma deviata sia quanto ai mezzi del proprio appagamento sia quanto alle mete agognate: l'*eros* infatti deve trasformarsi in prestazione[137]. A sua volta, allora, intraprendere un'attività economica non è solo qualcosa che abbia a che fare con il desiderio di guadagno (e d'altronde, per acquisire beni e ricchezze l'economia non è mai stata, fino all'età moderna, l'unico modo o il più adeguato)[138]. Innanzitutto è necessaria una costituzione spirituale tale per cui il cimentarsi nell'agone dell'economia venga a corrispondere ad un'esigenza interiore diretta a mettersi alla prova, a cercare cioè nel successo economico il segno della propria elezione. L'economia moderna presuppone cioè l'uomo faustiano[139], divorato da una inappagabile incertezza esistenziale, spinto da un anelito interno, destinato a rimanere insoddisfatto, verso un porto di salvezza che invece lo lancia sempre verso nuovi traguardi, nella speranza di guadagnarsi una

---

[136] «La serie della successione genetica della nascita della struttura pulsionale degli uomini capitalistici, *non* è stata quella: 1. nuova gioia mondana e nuovo impulso al godimento illimitato; 2. nuova e illimitata pulsione acquisitiva; 3. nuova e illimitata pulsione rivolta al lavoro». Al contrario, il percorso è stato completamente inverso, si è partiti cioè dall'impulso al lavoro per arrivare all'acquisizione illimitata, e quindi all'impulso acquisitivo, per giungere solo «infine, e molto tardi, al nuovo godimento e al nuovo impulso al godimento». E non avrebbe potuto essere altrimenti se si pensa che «un mondo in sé dotato di valore, che provoca 'gioia', lo si guarda con stupore e con ammirazione; solo il mondo svalutato può sviluppare un'energia di lavoro illimitata!» (M. SCHELER, *Der Bourgeois und die religiösen Mächte* [1914], in ID., *Gesammelte Werke*, vol. 3, cit. ; trad. it., *Il borghese e i poteri religiosi*, in ID., *Lo spirito del capitalismo*, cit., pp. 82-83). Si veda anche Ch. BRISSET, *Economie et psychoanalyse*, in G. PALMADE (sous la dir. de), *L'economique et les sciences humaines*, Dunot, Paris, 1967.

[137] In realtà, come ha osservato Max Scheler, nel tipo del produttore e dell'imprenditore «l'energia del lavoro e l'ambizione degli affari in parte deprimono l'elemento erotico, in parte trasformano l'energia psichica, in esso contenuta, in una *tendenza al guadagno, illimitato*». E però, «la forza pulsionale principale dello sviluppo capitalistico è un desiderio sessuale *non* interiormente *trasformato e spiritualizzato*» (*ibid.*, p. 75).

[138] Che nell'agire economico siano poste istanze che oltrepassino la sua sfera è stato mostrato da numerosi lavori che non hanno goduto della attenzione meritata. Si veda ad es. G.-H. de RADKOWSKI, *Les jeux du desir. De la technique à l'économie*, PUF, Paris, 1980

[139] Lo spirito capitalistico è «lo spirito di Faust: lo spirito dell'irrequietezza, dell'ansia» (W. SOMBART, *Il moderno capitalismo*, cit., p. 173). Si veda SPENGLER, *Untergang des Abendlandes*, Piper, München, 1918-1922, ; trad. it., *Tramonto dell'Occidente*, Longanesi, Milano, 1957, per il quale lo spirito faustiano costituisce il tratto caratterizzante della civiltà moderna.

qualche certezza sul proprio destino attraverso le prove che ha dovuto attraversare. La lotta economica, il rischio che essa comporta di uscirne perdenti, le incertezze della vita professionale, soprattutto quando il suo imperativo è quello della carriera o dell'incremento produttivo, sono le uniche forme nella nostra società che consentono di mettere alla prova il proprio valore, in un senso così profondo che pone in gioco tutto il nostro essere[140]. Esporsi alle vicende imprevedibili e capricciose della vita economica moderna significa voler provare quanto si è vicini al favore della fortuna e della divinità, significa cioè voler provocare la sorte per vedere in che misura si è suoi beniamini. Contrastare con la razionalità l'arbitrio della fortuna, per come essa si manifesta nelle vicende dell'economia, e dunque opporre alla loro casualità e imprevedibilità le strategie della ragione, significa mettersi alla prova per vedere fin dove giunge la propria capacità di dominio. È allora una necessità interna che ci spinge verso l'attività economica per individuare in essa il mezzo con cui soddisfarla. Alla sua base vi sta un'angoscia lacerante per l'incertezza del proprio destino, una condizione esistenziale di indeterminatezza che spinge a fare dell'economia il luogo dove provare che si è un eletto del Signore, oppure, in senso divenuto del tutto immanente, che la vita ci è stata benigna e che non è andata sprecata.

E però noi non vogliamo solo prendere, non vogliamo solo assicurarci della benignità della sorte; vogliamo anche, nei confronti della fortuna, della divinità o dell'ideale che alberga nel nostro petto, pagare il debito per il riconoscimento che ci verrà concesso. Vogliamo meritarci il premio della grazia attraverso il nostro stesso operare; oppure, in un senso che si avvicina maggiormente a quello calvinista, vogliamo addirittura soltanto espiare e sentire nel nostro essere eletti una grazia immeritata. Ciò che comunque è determinante sta nel sentire che il

---

140 «Nella sfera di lotta dell'economia tutto è posto per principio o almeno potenzialmente in questione. Ciò è estenuante ma anche formativo per l'uomo nella lotta economica. Il „rischiare se stesso" crea un tipo d'uomo il cui elemento è la vita sperimentale (...). Questo rischiare se stessi in modo assoluto, per lo meno nella sfera dell'esistenza sociale, accresce tutte le capacità dell'uomo, risveglia i sensi e la capacità di adattamento, promuove l'intuizione; risveglia però anche un'inquietudine senza tregua, la più radicale distruzione di qualsiasi contemplatività» (K. MANNHEIM, *Sociologia della conoscenza*, cit., cap. IV: «Essenza e significato dell'ambizione economica», p. 303). Cfr. anche M. J. RUTY, *La psychosociologie de l'entrepreneur*, in G. PALMADE (sous la dir. de), *L'economique et les sciences humaines*, cit.)

segno, con cui ci si rivela la stella della nostra vita, non ci viene incontro mentre ce ne stiamo con le mani in mano, ma deve essere provocato attraverso il nostro esporci ai colpi di ventura, perché solo così, ponendo a rischio le nostre fortune e le condizioni stesse della nostra esistenza (come avveniva un tempo al mercante nei suoi viaggi per mare), si può pervenire alla consapevolezza di quanto si vale. Ed è proprio per questo che, nel gioco dell'economia in cui ci si arrischia, l'individuo ingaggia un confronto non solo con gli altri, ma innanzitutto con se stesso, per farne la vera posta in gioco di tutto il trafficare e il darsi da fare. Se l'economia tende al possesso dei beni, il primo possesso che l'individuo deve ottenere è quello che si esercita sulla propria persona: per possedere il mondo bisogna innanzitutto possedere se stessi. Ciò che l'individuo in se stesso sente di estraneo deve essere bandito o essere posto rigidamente sotto controllo. Perciò l'attività economica presuppone una dura pratica di disciplina interiore che costituisce una vera e propria ascesi. L'individuo deve mostrarsi abbastanza forte, raggiungere una formazione di carattere equivalente al sacrificio delle istanze più immediate, più spontanee, più naturali, per rendersi capace di raggiungere quelle mete dell'esistenza che egli pone più in alto (ovvero, in un contesto ancora religioso, per non sentirsi del tutto indegno della grazia sovrannaturale cui aspira). Perciò, l'attività economica che è condotta con il desiderio di raggiungere la conferma maggiore sul valore del proprio Sé, deve passare innanzitutto, proprio attraverso il suo contrario, e cioè per la rinuncia del Sé. Tutto ciò che spinge al piacere, al godimento immediato, alla fruizione dell'istante presente, al puro dispendio, all'impiego senza scopo della propria esuberanza, deve essere accantonato, contrastato come la peggiore delle tentazioni. Tutte le energie devono essere indirizzate ad un fine, quello del successo dell'attività intrapresa. Su questo fine bisogna modellare tutta la propria condotta e i propri criteri morali di comportamento. Bisogna umiliare gli istinti, porre sotto controllo le passioni, acconciarsi ad un'armatura comportamentale che richiede dapprima l'accantonamento e poi la funzionalizzazione delle pulsioni, le quali non devono disturbare il farsi avanti delle virtù della lungimiranza, del perseguimento paziente e programmato di uno scopo, della condotta metodica e sistematica, in cui, appunto, si mostra una personalità che non ha indulgenza né tenerezza verso se stesso, che sa mettere a tacere quanto nell'individuo urge con la richiesta di un godimento immediato. Bisogna essere sordi verso la voce del proprio mondo pulsionale interno, oppure se proprio si vuole sentire il fascino che ne emana, prendere accorgimenti come Odisseo di fronte alle sirene legandosi mani e piedi per impedire di corrervi dietro[141].

Questo orizzonte ascetico di comportamento non è solo un mezzo adeguato per conseguire un risultato economico, ma un fine in sé che permette all'individuo di provare le sue forze e di prendere possesso di se stesso attraverso la violenza esercitata su una parte del proprio essere. L'attività economica diventa allora la forma attraverso cui l'individuo si sottomette ad un giogo, e non meno del guadagno è motivo di soddisfazione per lui sentire la capacità di sopportarlo, ed anche di pagare così, con la propria prova, i successi che viene a conseguire. Allora si ha la soddisfazione di aver mostrato quanto si vale, e si può nutrire legittimamente il sentimento per cui il favore che la sorte ha accordato al proprio imprendere non sia stato immeritato. Anzi, nel forgiarsi attraverso la sofferenza derivante dalla propria rinuncia pulsionale, l'individuo avverte che proprio così è rivenibile per lui il segno delle propria elezione, e cioè che il proprio successo non è qualcosa che gli sopraggiunga dall'esterno, ma che addirittura è inscritto nel proprio carattere. Per i greci il successo mondano si esponeva al rischio della *hybris*, perché accadeva in modo del tutto immeritato ed era posto, non meno che l'evento tragico, sotto il segno del fato[142]. L'uomo moderno invece sente di dover pagare il suo debito per il successo da conquistare; egli rinuncia a se stesso affinché il successo rappresenti una forma di autosuperamento. Per il proprio successo egli non deve più nulla alla divinità, perché, nel costruirlo, ha pagato la sua parte di sacrificio, ed invero non la più insignificante, considerata l'automutilazione che egli ha inferto alla parte più originaria di se stesso. In un certo senso, come per le aspirazioni di Faust, il successo mondano comporta che l'individuo abbandoni la propria anima al diavolo, che cioè faccia scempio di se stesso, rinunci a ciò che per lui potrebbe essere la felicità, vale a dire il godimento disinteressato dei frutti dell'esistenza.

Solo se si tiene presente questo, cioè il fondo di angoscia, di dubbio radicale, di incertezza, di disperazione intorno alla natura del proprio

---

[141] Si veda la formazione dell'individuo borghese tratteggiata in HORKHEIMER/ADOR-NO, *La dialettica dell'Illuminismo*, cit.

[142] J.-P. VERNANT/P. VIDAL NAQUET, *Mythe et tragédie en Grèce ancienne*, Découvert, Paris, 1986; *Mito e tragedia presso i greci*, Einaudi, Torino, 1989.; G. DE SANTILLANA, *Fato antico, fato moderno*, Adelphi, Milano, 1985.

essere e al compimento della propria sorte, ed insieme la volontà che ne scaturisce di votarsi ad un'impresa nel mondo esterno dal cui esito possa evincersi un segno tale da placare il proprio travaglio interiore in merito alla propria destinazione di vita[143]; solo se si tengono presenti i costi e le mutilazioni cui l'individuo si sottopone nell'intraprendere una strategia economica di successo e nel fare dell'attività economica la gabbia che rinserra la sua intera esistenza, solo allora si capirà che la disposizione ad agire secondo un'intenzionalità economica, a votarsi al mondo produttivo dei beni e dei servizi, a impiegare tutte le proprie energie per la realizzazione di finalità economiche, parte da motivazioni che chiamano in causa l'intero campo esistenziale dell'individuo, insieme all'universo culturale in cui egli si trova immerso, e non costituisce affatto un comportamento cui ci si indirizza in modo immediato e spontaneo come se fosse del tutto naturale[144]. Le ragioni che fanno di una società un tessuto di individui dominati da intenzionalità economica non si trovano così semplicemente e senz'altro connesse alla brama di possesso e al desiderio di guadagno, da cui, anche in civiltà diverse da quelle del capitalismo moderno, gli uomini sembrano animati[145]. Se si dovesse

---

[143] «La *disperazione* metafisico-religiosa dell'uomo moderno è, dappertutto, la *radice* e l'inizio dell'*impeto attivistico infinito* che si effonde verso l'esterno» (M. SCHELER, *Il borghese ...*, cit., p. 90).

[144] «La ricerca della felicità lungo la dimensione privata non è, come spesso tendiamo a pensare, „ciò che viene naturale"; è piuttosto diretta e incoraggiata da un'ideologia che la giustifica, non solo nei termini dei suoi risultati benefici per l'individuo, ma anche come la più sicura e forse unica via che consente all'individuo di dare un contributo al bene pubblico» (A. O HIRSCHMAN, *Shifting Involvements. Private Interest and Public Action*, Princeton University Press, Princeton, 1982; trad. it., *Felicità pubblica e felicità privata*, Il Mulino, Bologna, 1983, p. 74). L'*homo oeconomicus* sorto sulla base di un assunto antropologico in merito alle disposizioni naturali dell'uomo a trafficare e barattare, costituisce la più artificiosa delle costruzioni. Cfr. A. M. IACONO, *Il borghese e il selvaggio. L'immagine dell'uomo isolato nei paradigmi di Defoe,Turgot, Adam Smith*, Angeli, Milano, 1982; R. MARCHIONATTI, *Gli economisti e i selvaggi. Una critica antropologica della scienza economica*, Loescher, Torino, 1985.

[145] Persino un economista come Keynes riteneva che le ragioni profonde dell'efficienza economica devono avere un contenuto transeconomico. «Noi credevamo - egli osserva - che il capitalismo moderno fosse capace non solo di mantenere i livelli di vita attuali, ma di portarci là dove saremmo stati relativamente liberi da preoccupazioni economiche» (J. M. KEYNES, «A short View of Russia» [1925], in ID., *Essays in Persuasion*, London, 1931; trad. it., «Breve sguardo alla Russia di oggi», in ID., *Esortazioni e profezie*, Garzanti, Milano, 1975, p. 230). E detto ancora più chiaramente: «Se il progresso

giudicare la vita professionale, l'affaticarsi continuo e senza sosta verso mete acquisitive sempre più alte, dal punto di vista delle esigenze di godimento e di felicità personale, allora questo tipo di vita strutturato in base alla dimensione economica apparirebbe del tutto insensato. Nelle intenzioni pratiche di cui si nutre lo spirito capitalistico moderno, «il guadagno di denaro e di sempre più denaro è così spoglio di ogni fine eudemonistico o semplicemente edonistico, è pensato in tanta purezza come scopo a se stesso, che di fronte alla felicità e all'utilità del singolo individuo appare come qualcosa di interamente trascendente e perfino di irrazionale»[146]. Ma proprio in questo atteggiamento che fa del guadagno «lo scopo della vita dell'uomo e non più il mezzo per soddisfare i suoi bisogni»[147], bisogna cogliere ciò per cui esso si connette in modo determinante e precostituente all'intenzione originaria volta a ricercare una nuova direzione di vita, che trovò nell'orientamento economico una via per il proprio disciplinamento[148]. Ciò che qui è in gioco allora è una strategia esistenziale che conduce gli individui ad accettare una rigida disciplina interiore, a bandire le pulsioni immediate di soddisfacimento libidico, a far violenza su se stessi, a costringersi in un abito comportamentale che sfigura la propria umanità. Agire in senso economico non è qualcosa quindi che l'individuo possa permettersi a buon mercato. È per questo che egli tenderà quando è possibile, e quando il contesto culturale in cui agisce non ve lo costringono, a tenersene alla larga. È quello che è successo in Sicilia, dove investire, produrre, arrischiare la propria sorte nell'attività economica, caricare quindi di senso esistenziale l'agire economico, non è divenuto l'orizzonte normativo dominante, in grado di guidare il comportamento sociale degli

---

economico non contiene un obiettivo morale, ne consegue che non vale sacrificare neppure per un momento il vantaggio morale a quello materiale» (*ibid.*). La forza del capitalismo tuttavia è stata proprio quella di aver saputo assorbire tutte le energie morali ed esistenziali dell'individuo mobilitandole, a livello più o meno subliminare e soprattutto senza che esse potessero più essere riconosciute come tali, per scopi economici.

[146] M. WEBER, *L'etica protestante...*, cit., p. 105.

[147] *Ibid.*

[148] «Non l'„acquisizione" ovvero una „acquisizione illimitata" (cioè ben al di là di una copertura dei bisogni conforme allo stato sociale) è, secondo Weber, il fine primariamente perseguito dai portatori dello spirito capitalistico - bensì l'*acquisire* l'acquisizione, il suo *lavorio* stesso - indipendentemente dall'esito puramente naturale, cioè indipendentemente dalla formazione di un possesso o di una ricchezza - diviene il contenuto di una *disposizione* costante della volontà» (M. SCHELER, *Il borghese*, cit., p. 87).

individui. In questo modo la società non si struttura attorno al motivo dell'attività d'impresa come suo principio costitutivo e come risultato della sua assunzione ad ambito in cui principalmente gli individui esperiscono il senso e il destino della propria esistenza. L'economia rimane un campo disertato perché non vi si connettono quelle esigenze interiori di comprova (non solo, o non più, in senso religioso, ma ormai in uno puramente esistenziale) che spingono l'individuo ad assumerla come spazio proprio di estrinsecazione.

Ora è vero che questo tipo di configurazione spirituale, anche se molto difficilmente, può essere pure suscitata, stimolata nel suo sorgere, facendo leva sul connaturato desiderio di guadagno e di possesso che ha sempre e dovunque caratterizzato gli esseri umani, per piegarlo agli scopi della crescita civile e materiale collettiva. Ma pensare che basti soltanto la messa in opera dei presupposti strutturali della modernizzazione perché gli individui si orientino nel loro agire sociale attraverso criteri e intendimenti di carattere strettamente economico (adottino cioè un comportamento razionale dal punto di vista delle finalità economiche perseguite), che dunque facciano dell'agire economico la sfera di estrinsecazione del loro destino esistenziale, questo non può essere altro che il frutto di un madornale abbaglio e di una totale incomprensione dei presupposti ideali, culturali, simbolici su cui si basa il moderno predominio dell'economico su tutti gli ambiti di vita.

6. Il circolo virtuoso di economia e morale: un equilibrio difficilmente riproducibile.

In una novella di Pirandello in cui si fa riferimento al mondo dell'industria di zolfo in Sicilia, troviamo una indiretta conferma degli orientamenti siciliani di vita nella loro inadeguatezza con i postulati ideali della moderna economia capitalistica[149].

Vi troviamo innanzitutto il riferimento alle condizioni inumane cui sono sottoposti i lavoratori e l'impietoso sfruttamento che devono subire. Il quadro, a tinte così fosche, farebbe pensare ai primordi della rivoluzione industriale inglese, se non fosse che qui si mostra all'opera una sorta di consorteria mafiosa ben diversa dalla pur rapace

---

[149] L. PIRANDELLO, *Lontano* [1902], in *La Mosca*, Mondadori, Milano, 1970.

136

imprenditoria inglese di primo Ottocento, la quale quanto meno si lusingava di credere che le durezze imposte dalla sua rigida disciplina del lavoro avrebbero sortito un effetto di moralizzazione sulla società nel suo insieme, proponendo con ciò il lavoro industriale anche come mezzo di risanamento morale dei ceti subalterni. L'imprenditore siciliano invece sembra avvicinarsi al vorace avventuriero di un tempo, per il quale si tratta di ottenere il maggior guadagno possibile più con lo spremere al massimo la capacità lavorativa dei suoi operai che aumentandone, con l'impiego tecnico dei macchinari, le capacità produttive[150].

Oltre a ciò, è assente dal suo ruolo un potere pubblico che limiti e regolamenti il nudo perseguimento dell'immediato interesse economico, nel momento in cui questo manifesta, sul piano umano, sociale, ambientale, tutti i suoi effetti deleteri. Qui, sia l'impresa privata che l'amministrazione pubblica sono prive di quella implicita *pietas* che mira al benessere collettivo, a reintegrare il tessuto sociale che l'agire economico tende continuamente a sfaldare. Infine, non si dà cenno di una sfera pubblica fatta di valori condivisi e che si manifesta nella fruizione di medesimi beni culturali.

Quello che ci racconta Pirandello nella sua novella è la vicenda del giovane marinaio norvegese Lars Cleen, il quale viene gettato da una malattia di tifo in un paese della costa siciliana dove era giunto con la sua nave. Il personaggio, una volta guarito e poi accasatosi con la donna che lo aveva curato, ci appare qui come una sorta di anti-Robinson Crusoè, che non ha alcun dominio da far valer, né alcuno spirito d'impresa da attivare, ed anzi soffre di una certa malinconia scandinava. Non c'è dubbio però che con ciò Pirandello abbia voluto rappresentare lo scontro tra due culture - sebbene, come riferisce Sciascia, all'interpretazione che

---

[150] Questa osservazione tra l'altro è avvalorata anche a livello storiografico. Proprio nei periodi in cui si verificarono incrementi di produzione, scrive Cancila, essi non comportarono «affatto un analogo incremento della forza lavoro, ma [furono realizzati] quasi esclusivamente con un aumento dei carichi di lavoro della manodopera già occupata e con conseguente notevole profitto dei proprietari di zolfare e degli affittuari, tra i quali - come in passato - importanti operatori stranieri. E fu proprio in quegli anni di favorevole congiuntura e di alti profitti che il settore zolfifero pose le basi della sua crisi, restio come fu a innovazioni tecnologiche, a nuove più razionali organizzazioni produttive, a più moderni sistemi di commercio» (O. CANCILA, *Storia dell'industria in Sicilia*, cit., p. 151). Come si vede, inoltre, gli stessi imprenditori stranieri tendevano ad acquisire gli orientamenti che trovavano già dominanti, anche se a loro si deve, peraltro, l'apertura di nuove e importanti attività produttive.

della novella aveva dato Emilio Cecchi, e cioè appunto come di un conflitto «tra una civiltà energica e libera, qual quella norvegese da cui proviene il protagonista, e un ambiente ristretto e meschino qual quello siciliano assegnatogli dalla sorte», egli avrebbe risposto: «„Tutt'altro! Non era né poteva essere mia intenzione di rappresentare barbara, o di civiltà inferiore la Sicilia: Altra vita, altro sangue, altra natura, altri costumi, altri bisogni, altra sensibilità, altri sentimenti. È tutto qui"»[151]. E certamente Pirandello ha ragione nel voler rivendicare l'alterità qualitativamente incomparabile della Sicilia - come del resto varrebbe per ogni altra cultura. Tuttavia sembra scattare, anche in Pirandello, come in ogni siciliano che sente oltraggiata la sua isola da altri che non sia un conterraneo, quella «espèce de francmaçonnerie - per dirla con Michele Amari che così scriveva all'arabista Reinhart Dozy - quand il s'agit de la vanité nationale» (nel senso della 'nazione siciliana', ovviamente)[152]. Perciò forse non è completamente errato vedere nel catapultarsi di Lars Cleen all'interno dell'inatteso contesto siciliano una sorta di effetto-straniamento, prodotto dalle frizioni tra due differenti modelli culturali di comportamento venuti, per fortunosa vicenda, a contatto. È anche vero però che molta della soffocante angoscia da cui è preso lo straniero sembra sgorgare da una stessa latente, sempre sottesa, nostalgia, che porta gli stessi siciliani ad abitare l'isola con un senso di radicale provvisorietà, a guardare perciò verso una indefinita patria lontana (quella da cui un giorno, forse, per destino, necessità o avventura hanno dovuto separarsi) e ad assumere insomma quel senso di trasognata e labile esistenza di cui si parla nel *Gattopardo*. Ma in definitiva, attraverso la figura del suo personaggio, Pirandello prende quel pathos della distanza che lo rende consapevole di come, perfino nello stesso affaticarsi e industriarsi nelle opere necessarie alla vita, in quelle attività che la Sicilia condivide con ogni altro paese moderno e civile, europeo dunque, emerga tutta la sua insuperabile inadeguatezza, quell'assenza dello spirito necessario perché l'intrapresa economica si configuri nello stesso tempo come compito di civilizzazione. Il punto della novella in cui questa discrepanza siciliana si dichiara nei toni più avviliti e scorati è quando Lars Cleen giunge alla spiaggia e osserva le operazioni di caricamento dello zolfo.

---

[151] L. SCIASCIA, *Alfabeto pirandelliano*, cit., pp. 63-64.
[152] Si veda G. GENTILE, *Il tramonto della cultura siciliana*, cit., p. 11.

«Si recava sulla spiaggia, tutta ingombra di zolfo accatastato, e con un senso di profonda amarezza e di disgusto assisteva alla fatica bestiale di tutta quella gente, sotto la vampa del sole. Perché, coi tesori che si ricavavano da quel traffico, non si pensava a far lavorare umanamente tutti? Perché non si pensava a costruire le banchine su le due scogliere del nuovo porto, dove si ancoravano i vapori mercantili? Da quelle banchine non si sarebbe fatto più presto l'imbarco dello zolfo, coi carri o coi vagoncini?

- Non ti scappi mai di bocca una parola su questo argomento! - gli raccomandò don Paranza, una sera, dopo, cena. - Vuoi finire come Gesù Cristo? Tutti i ricchi del paese hanno interesse che le banchine non siano costruite, perché sono i proprietari delle spigonare, che portano lo zolfo dalla spiaggia sui vapori. Basta, sai! Ti mettono in croce.

Si, e intanto su la spiaggia nuda, tra i depositi dello zolfo, correvano scoperte le fogne, che appestavano il paese; e tutti si lamentavano e nessuno badava a provveder d'acqua il paese assetato. A che serviva tutto quel denaro con tanto accanimento guadagnato? Chi se ne giovava? Tutti ricchi e tutti poveri. Non un teatro, né un luogo o mezzo onesto di svago, dopo tanto e così enorme lavoro. Appena sera, il paese pareva morto, vegliato da quei quattro lampioncini a petrolio. E pareva che gli uomini, tra le brighe continue e le diffidenze di quella guerra di lucro, non avessero neanche il tempo di badare all'amore...»[153].

Queste non sono osservazioni frutto di un interesse estemporaneo per le condizioni produttive e civili dell'isola, ma costituiscono un momento fondamentale del disagio pirandelliano. Esse sono riprese anni dopo, quasi con le stesse parole ne *I vecchi e i giovani*[154]. E non a caso, perché questo è il romanzo della disillusione, in cui l'avvio dell'esperienza di modernizzazione del nostro Paese viene mostrato nel suo molteplice naufragio: in quello della incompiuta integrazione nazionale, nella mal affrontata questione sociale, perfino in quelli che ne sono i portatori, nella pessima tenuta della pubblica moralità e nell'indecoroso profilo della classe politica dirigente. In particolare, poi, sono gli effetti rovinosi dovuti all'affermazione delle prime dinamiche

---

153 L. PIRANDELLO, *Lontano*, cit., pp. 145-146.

154 Ma vi vengono descritte più crudelmente le condizioni dei lavoratori: «... facchini, detti *uomini di mare*, i quali scalzi, in calzoni di tela con un sacco rimboccato sulla fronte e attorno alla nuca, immergendosi nell'acqua fino all'anca, recano il carico alle spigonare» - tanto da sembrare quello un «lavoro da schiavi», e gli uomini non più tali, ma «bestie» (L. PIRANDELLO, *I vecchi e i giovani* [1909], Mondadori, Milano, 1967, pp. 30-31).

capitalistiche ad essere apertamente mostrati. «Pajono tutti pazzi, là, imbestialiti nella guerra del guadagno, bassa e feroce», mentre completamente disattesa è la cura delle più elementari esigenze comuni[155].

Con la prima diffusione dei processi di modernizzazione in Sicilia sembra che ad essere veicolati siano solo le intenzioni private di guadagno e di arricchimento, mentre non riesce ad insediarsi la veduta, che altrove si accompagna al libero perseguimento dell'interesse individuale, per cui non vi può essere ricerca e raggiungimento di benessere privato senza che nello stesso tempo siano assicurate condizioni civili di esistenza collettiva, senza dunque l'operare attento, scrupoloso ed efficace di un'amministrazione che abbia il compito di sopperire ai bisogni comuni: non può esserci infatti prosperità individuale dove la città (nella doppia valenza di spazio urbano e di comunità politica) nelle sue strutture materiali, istituzionali, culturali, va in sfacelo. Questo è il presupposto chiave della civiltà moderna, senza di cui non si vede quale mostruosità e quale inferno possano uscirne.

Ma ciò che tale patologia schizofrenica della modernizzazione siciliana ha prodotto (per cui non solo la ricerca del benessere privato non si accompagna al miglioramento delle forme collettive di esistenza, ma anzi si sviluppa proprio sulla fagogitazione del patrimonio comune, sull'incuria, lo sciupio, la pessima amministrazione dell'habitat urbano, sociale, naturale, condiviso) - questo è ormai sotto gli occhi di tutti. Curioso invece è ritrovare, annotato in una pagina del diario di viaggio di Goethe, un episodio che pare confermare come sia radicata nei siciliani l'incapacità di coniugare insieme comodità private e decoro civile.

Dunque, nel corso del suo soggiorno palermitano, ed esattamente la sera di giovedì 5 aprile 1787, Goethe si trova a passeggiare sulla via principale della città. Si è appena fermato davanti ad una bottega per farvi qualche spesuccia quando, appena sollevatosi «un leggero colpo di vento», si trova investito da un gran polverone che trasporta sporcizia e rifiuti. Si comprenderà allora la reazione di stizza del grande poeta.

«Diavolo! - gli viene da esclamare, rivolto al negoziante. Come va che la vostra città è così sudicia; che non ci sia proprio un rimedio? Questa via per lunghezza e bellezza non la cede al Corso di Roma. A destra e a sinistra vedo dei

---

[155] *Ibid.*

marciapiedi, che ogni proprietario di magazzino o di officina mantiene puliti a furia di scopare gettando tutta l'immondizia nel mezzo della via; ma questa naturalmente diventa sempre più sudicia e finisce col restituirvi, ad ogni soffio di vento, il sudiciume che avete accumulato [...].

„La faccenda è proprio come voi dite", replicò il mio uomo. „Quello che noi gettiamo dalle case, imputridisce davanti alle nostre porte. Guardate là; sono mucchi di paglia e di strame, avanzi di cucina e non so che altre sconcezze, che poi si disseccano e infine tornano a noi sotto forma di polvere. Noi abbiamo un bel difenderci tutto il giorno, dalla polvere [...]".

A un'altra mia domanda, se non ci fosse modo di provvedere contro quello sconcio, rispose: „Corre voce fra il popolo che proprio coloro ai quali spetta provvedere alla pulizia urbana non possono venire costretti, grazie al loro grande ascendente, a fare il debito uso del pubblico denaro; c'è poi anche questa curiosa circostanza: hanno paura che, a portar via tutto questo letamaio, il pubblico veda ancor più chiaramente in quali pessime condizioni si trovi il lastricato della via; per cui si scoprirebbero a loro volta anche le magagne della pubblica amministrazione. Ma tutte queste", aggiunse con un'aria comica, „non sono che supposizioni di gente malevola! Per me son dell'opinione di quelli che sostengono: che l'aristocrazia ha interesse di mantenere uno strato così morbido alle sue carrozze, per poter fare con tutto il comodo la solita passeggiata sempre su un terreno elastico"»[156].

Spiegazione, questa, che sembra scaturire da quel senso umoristico, amaro e disincantato, tipicamente siciliano, che serve a dare la stura perché «il brav'uomo, ormai in vena, [continuasse] a burlarsi di parecchi altri abusi della polizia». Il saggio poeta ha così modo di fare apprendimento - «a mia consolazione», come egli dice - del fatto che «la gente trova sempre un po' di buon umore per divertirsi a spese dei guai che non hanno rimedio»[157].

---

[156] J. W. GOETHE, *Italienische Reise*[1829], in ID. *Werke*, vol. 11, München, 1981; trad it., *Viaggio in Italia*, in ID. *Opere*, Sansoni, Firenze, 1963, pp. 705-707.

[157] *Ibid.* Nella figura del bottegaio del Cassaro «s'incarna perfettamente - ha notato Tuzet - il fatalismo beffardo attraverso cui il siciliano si vendica delle oppressioni cui è sottoposto» (H. TUZET, *Viaggiatori stranieri...*, cit., p. 312). Giuseppe Pitré si è occupato in particolare di questo passo del diario di Goethe, come del resto di altri aspetti del suo soggiorno siciliano. Le sue osservazioni sono mosse dal proposito - come è stato notato - «di scagionare le autorità palermitane della fine del XVIII secolo dalle accuse di negligenza, di incuria, di scorrettezze amministrative che emergono dal discorso del mercante e si dispiace che questi non abbia informato Goethe di provvedimenti disposti dal senato per la pulizia cittadina, e in particolare che non gli abbia detto che fin dal 1779 il senato aveva „concertato la spazzatura del Cassaro e della Strada Nuova", come era

Sulla base di queste predisposizioni sarà impossibile, quando arriverà il momento, che perseguimento dell'interesse privato e corretta gestione della cosa pubblica si saldino insieme, come vorrebbe il modello della modernizzazione riuscita. Quando si presenterà il capitalismo, il quale non è altro se non l'economico svincolato da ogni ambito di norme impositive esterne, esso verrà a spogliarsi nello stesso tempo delle pretese di autoregolazione morale interna con cui si era accreditato[158]. E nel momento in cui quell'*homo oeconomicus* che era stato inteso come portatore di „virtù" (si pensi ancora, a mo' d'esempio, alla figura di Robinson Crusoè nel cui agire per l'organizzazione della sua sopravvivenza e delle pur precarie comodità materiali ottenibili vive, sebbene invisibile agli occhi del mondo, tutto lo spirito della „civile", benché anche imperiale, Inghilterra, vale a dire ciò per cui l'operare in vista dei bisogni diventa veicolo per imprimere alla propria esistenza una condotta ordinata secondo valori) si appiattisce invece sul perseguimento di finalità economiche che non trovano argini, nei mezzi e negli obiettivi, allora non ci sono più norme che possano disciplinare o indirizzare la ricerca individuale di ricchezza, che perciò, ormai scatenata, giunge ad assumere i caratteri della più smodata attività di impossessamento, nel disordine completo della personale configurazione di vita e nel degrado delle forme di convivenza collettiva.

Ma se, come qui, il capitalismo può presentarsi privo delle sue „virtù", essendo il suo aspetto economico quello che più si presta alla sua universalizzazione, al suo trapianto in luoghi e culture differenti da quelli

---

risaputo da tutti quelli che vi abitavano o vi tenevano bottega» (G. BONOMO, *Pitré, la Sicilia e i siciliani*, cit., p. 149). Questo non toglie veridicità alla testimonianza e al fatto cioè che le strade fossero sporche e mal tenute. Lo stesso Pitré alla fine, trovandosi davanti ad un problema ancora attuale ai suoi tempi, non sa decidersi su chi bisogna attribuirne la responsabilità. Bonomo avanza l'ipotesi che la reticenza di Pitré, come quella del mercante del dialogo goethiano, sia dovuta al fatto che, chiunque fossero i colpevoli, questi godessero di tale „influenza" da non poter essere accusati apertamente di malversazione (*ibid.*, p. 151).

[158] Sul rapporto che lega l'economia capitalistica moderna alla sfera dei valori, nella sua autonomia rispetto a pretese normative esterne, e nel suo condizionamento quanto alle intenzioni originarie presupposte e agli esiti attesi, mi sono soffermato nel mio «Eticità e modernità. Sul filo della riflessione weberiana», in *Fenomenologia e società*, a. XV, n, 2, 1992. Cfr. anche S. VECA (a cura di), *Etica ed economia*, La Stampa, Torino, 1990; A. K. SEN, *On Ethics and Economics*, Blackwell, Oxford, 1987; trad. it., *Etica ed economia*, Laterza, Roma-Bari, 1988.

del suo luogo d'origine, tuttavia è un equivoco grossolano pensare che esso, nella sua accezione moderna, possa ridursi ad essere meramente e soltanto il modo per liberare l'intenzione di guadagno da pastoie e remore etico-ideali, senza con questo trascinarsi dietro la rovina della società intera[159]. Agire economico inteso come individualismo che mobilita le energie personali, iniziativa privata assunta dentro la veduta per cui, mentre ognuno persegue il proprio vantaggio, si perverrà al miglioramento delle condizioni di vita per tutti; autonomia personale, separazione tra persona e impresa, che bandisce nella condotta economica ogni irrazionalità affettiva, sentimentale o passionale, e introduce, attraverso gli elementi del calcolo e della prevedibilità, il solo criterio dell'acquisitività di mercato; conseguimento, dunque, del risultato economico come effetto di strategie e di meccanismi puramente oggettivi in cui viene „trattato" e sottoposto a disciplina il „rozzo" impulso al guadagno; razionalismo d'impresa, dunque, e organizzazione ottimale dei fattori produttivi; il postulare un quadro di legalità che definisca i comportamenti consentiti, codifichi regole di condotta in modo che la fiducia acquisti la certezza del diritto e comunque si disegnino in anticipo le dinamiche entro cui possono muoversi i soggetti economici; la considerazione infine di cui gode l'attività produttiva come forma organizzatrice di tutta l'esistenza , come dimensione prioritaria su cui si modella la vita umana: tutto ciò non è qualcosa che ha a che fare

---

[159] «It is a typical mistake to think of capitalism as an economic system merely. Analogously, it is a typical mistake to think of an economic system apart from its *political* and *moral-cultural* dimension» (M. NOVAK, *On the governabilty of democracies*, in G. DILCHER/I. STAFF (a cura di), *Cristianesimo, secolarizzazione e diritto moderno*, Nomos Verlagsgesellschaft/Giuffré, Baden Baden/Milano, 1981, p. 502). In realtà, non si tratta tanto di pensare il sistema economico moderno direttamente determinato da intenzionalità e orientamenti di valore ad essi esterno, di cui possa essere senz'altro sovraccaricato. Su questo non c'è da farsi alcuna illusione: l'agire economico moderno non si lascia sovradeterminare da esigenze di nessun tipo che fuoriescano dalla sua sfera, se non lasciandole come alcunché ad esso estranee. Piuttosto bisogna vedere nell'attività economica umana, perfino in quella che si svolge nella stessa società odierna, disincantata e già oltre la secolarizzazione, un ambito esso stesso permeato da istanze culturali, valori simbolici, bisogni dell'anima, senza di cui non si riuscirebbe a comprendere il peso, la preponderanza da essa acquisita fino al punto da *colonizzare* tutti gli aspetti della nostra vita e da sostituirsi a quelle sfere dove un tempo trovavano soddisfazione esigenze spirituali, religiose. Cfr. R. H. TAWNEY, *Religion and Rise of Capitalism. An historical Study*, John Murray Publishers, London, 1926; trad. it., *La religione e la genesi del capitalismo. Studio storico*, Feltrinelli, Milano, 1967.

unicamente con obiettivi e finalità di tipo strettamente economico, materiale, non si attaglia per niente all'idea che qui non si tratterebbe d'altro se non di acquistare e possedere. Ciò che deve apparire determinante invece è la costituzione spirituale che sostiene questo quadro e tutto questo operare, l'*ethos* di fondo che supporta il senso dell'agire, lo stile di vita che con ciò viene inteso come valore.

Per quanto sia vero che le intenzioni originarie del moderno agire economico capitalistico si siano completamente pietrificate, oggettivate in un meccanismo autonomo indipendente dalle esplicite e dirette finalità di valore dei singoli, non per questo esso può definirsi ormai come una mera attività acquisitiva senz'altra determinazione (come spesso fanno sociologi ed economisti che si accaniscono a considerare soltanto le condizioni di mercato e le disponibilità di capitali come presupposti sufficienti della modernizzazione economica[160]), poiché qui decisivo rimane ancora il modo in cui gli obiettivi economici vengono perseguiti. Dentro questo modo, ne siano coscienti o meno gli individui, vive quello spirito che non solo pone il sistema economico in relazione con il sistema dei valori culturali-morali[161], ma fa di esso stesso un sistema che si muove secondo postulati di valore e riferimenti ideali, spirituali, simbolici connessi alle stesse ragioni economiche, anche se queste sembrano essere le uniche veramente determinanti ed hanno finito per assorbirle al loro interno[162]. Insomma, il modo in cui obiettivi economici si trovano prefissi e praticati costituisce esso stesso un universo di valori.

---

[160] Con ciò ipostatizzando la figura dell'*homo oeconomicus*, invece di assumerla come una precisa configurazione storica di valore.

[161] Il riferimento è ancora a M. NOVAK, *On the governability of democracies*, cit.

[162] L'eticità dell'economico di per sé preso, dunque il fatto che al capitalismo sarebbero intriseci determinati riferimenti di valore, pur senza rifarsi ad essi con *intentio recta*, è ciò che invece viene riconosciuto nell'opera dello stesso M. NOVAK, *The Spirit of Democratic Capitalism*, Simon & Schuster, New York, 1982; trad. it., *Lo spirito del capitalismo democratico*, Edizioni Studium/Edizioni Effediuno, Roma, 1987. Novak tuttavia si muove in una prospettiva troppo "conciliaristica" per così dire, in quanto, nell'assumere il capitalismo come «dimensione sociale della libera economia» ad esso propria, se ne dichiara la sua perfetta coerenza con i postulati dell'etica sociale odierna della Chiesa (M. NOVAK, *The Catholik Ethik and the Spirit of Capitalism*, Macmillan, New York, 1993; trad. it., *L'etica cattolica e lo spirito del capitalismo*, Comunità, Milano, 1994). Ma il capitalismo, in realtà, per il fatto di sapersi ancorato alle ragioni etiche malgrado l'autonomizzazione che s'è conquistato, ed anzi vantando gli esiti benefici che discendono dalla sua razionalizzazione, tende a perseguire inesorabilmente la

Nel sistema dell'economia moderna, le originarie «virtù borghesi», e cioè «operosità, economia, onestà, *industry, frugality, honesty*», non sono venute meno, anche se neppure occupano più lo stesso ruolo e significato di un tempo. Da un lato, esse «hanno certamente cessato di essere le virtù necessarie e fondamentali dell'imprenditore capitalistico», ma dall'altro «non per questo hanno perduto la loro importanza nella formazione dell'amministrazione moderna»[163]. Ciò che un tempo era stato voluto intenzionalmente e richiedeva una particolare disposizione interiore in vista di determinati risultati connessi all'attività economica, ora è divenuto istanza oggettiva posta dal sistema stesso cui gli individui devono adeguarsi, conformarsi, indipendentemente dai loro propositi soggettivi. Oggi ormai l'obiettivo di successo economico impone di per sé l'unica condotta di vita che può essere ad esso corrispondente. Così le «virtù borghesi» con cui una volta si intesero perseguire gli obiettivi di guadagno, ora «sono semplicemente uscite dalla sfera della disciplina personale, divenendo elementi fondamentali del meccanismo commerciale. Hanno cessato di essere qualità di uomini viventi per divenire princìpi oggettivi dell'amministrazione economica in se stessa»[164]. Perciò, dell'uomo economico moderno si può dire che «non pratica una virtù, ma segue una coercizione»[165]. Però bisogna appunto che il sistema moderno dell'economia si sia insediato e quindi sufficientemente consolidato perché si possa fare a meno delle intenzioni soggettive umane, le quali solo allora si indirizzeranno, piegandosi a postulati necessari e ineludibili, verso quelle „virtù" che esso richiede - altrimenti, in un quadro in cui le nuove forme economiche tenderanno a

---

sua logica dell'efficienza e del profitto, senza tener conto di esigenze d'altro tipo. Ma, in questo modo, il capitalismo, animato dallo spirito della sua missione e dal senso della sua „santità", che lo porterebbe a dispiegarsi come assoluto, finirebbe per divorare tutte le altre sfere di vita e con ciò, alla fine, per autodistruggersi. Da qui la necessità inderogabile che trovi un'istanza esterna in grado di dare piena soddisfazione ai suoi postulati intrinseci, ma che nello stesso tempo, lo regoli, lo tenga a freno e gli additi le compatibilità (che ruotano attorno ai due principi-criteri chiave della solidarietà sociale e dei vincoli ambientali).

[163] W. SOMBART, *Il borghese*, cit., p. 145.

[164] *Ibid.* Ovvero, detto in altri termini, «è la *struttura* delle attività economiche, non l'intenzione degli operatori economici, che favorisce la legalità, la libertà, la regolatezza e la moderazione, un sano realismo e un vero progresso sociale» (M. NOVAK, *Lo spirito del capitalismo democratico e il cristianesimo*, cit., p. 110).

[165] *Ibid.*

imporsi in assenza del loro specifico *ethos*, avremo soltanto lo scatenamento indisciplinato e socialmente devastante delle passioni acquisitive, il ritorno a forme che ricordano l'antico patrimonialismo e il capitalismo d'avventura a scopi di rapina.

Medesimi obiettivi di guadagno, ricchezza, accumulazione, possono avere ricadute sociali di segno completamente diverso, a seconda delle forme assunte e dal tipo di agire economico praticato. Determinante risulta in particolare, anche per gli stessi orientamenti complessivi che incidono sul valore da attribuire all'attività produttiva, il modo in cui si accede ai beni socialmente prodotti dagli individui. Secondo una classificazione di tipo puramente storico-ideale, possiamo distinguere tre modalità.

(1) Vi è innanzitutto il sistema per il quale si spera nella buona volontà, nello spirito di carità, nell'opera di beneficenza, proprio delle associazioni volontarie che si costituiscono per ragioni del tutto distanti da quelle economiche, le quali anzi si possono definire propriamente raggruppamenti „anti-economici". Per lo più questo sistema è sostenuto da credenze religiose, ed infatti di esso si servono le istituzioni ecclesiastiche, gli ordini monastici e mendicanti e tutti coloro in sostanza che si mettono insieme per perseguire quasi esclusivamente o prioritariamente istanze etiche, ideali o trascendenti gli interessi terreni[166]. Tuttavia anche il singolo può essere orientato ad affidarsi al senso di pietà o di solidarietà del suo prossimo, al suo senso di umanità per reclamare ciò di cui ha bisogno per tenersi in vita. In tale contesto, egli può considerare come un favore l'elargizione da parte di un signore dei propri mezzi di sussistenza: non la sua prestazione, ma la buona disposizione d'animo di colui che ritiene suo benefattore, egli tenderà a considerare come fondamento della sua mercede. Su questo debito di riconoscenza si basa quella relazione tra padrone e servo (e, sul piano civile, tra patrono e cliente) che non ha perciò carattere di natura essenzialmente economica, ma è circonfusa di significati etici e da una visione in cui domina il vincolo che unisce persona a persona. È questo il

---

[166] «Nel XVIII secolo la carità svolge un ruolo di primo piano in Sicilia, specialmente quella dei conventi, poi quella di parecchi magnati che elargiscono generosamente oppure creano e sovvenzionano istituti di beneficenza» (H. TUZET, *Viaggiatori stranieri...*, cit., p. 267).

146

contesto dell'antica „economia della casa"[167], caratterizzato peraltro da una non ancora netta distinzione tra patrimonio signorile personale e patrimonio pubblico[168]. Ma in seguito, in una società pienamente secolarizzata, dove le credenze etiche e religiose non hanno più una diretta valenza sociale, e dove i destini materiali di vita sono intesi in senso unicamente economico, dettati cioè dalla forza astratta di fattori puramente anonimi e impersonali, i soggetti che rimangono non integrabili all'interno delle funzioni produttive, sono affidati ai compiti di assistenza e solidarietà promossi e garantiti dallo Stato, la cui valenza etica si perde dietro considerazioni anch'esse di natura funzionale: la „carità pubblica", in un'epoca in cui la produzione di beni grazie all'industria ha raggiunto livelli tali da permettere che risorse non remunerative vengano deviate verso il puro consumo (a prescindere dalla capacità di sostegno che questo a sua volta può avere per la domanda di prodotti), ha infatti lo scopo di evitare che il meccanismo produttivo possa trovarsi inceppato da frizioni sociali e di assicurare la fedeltà politica anche degli esclusi dai processi di legittimazione che si operano attraverso i risultati dell'„economia del benessere"[169].

---

[167] Si veda O. BRUNNER, «La 'casa come complesso' e l'antica 'economica' europea», cit.

[168] Si veda P. VEYNE, *Il pane e il circo*, cit. Gli effetti di questa mancata separazione non sempre erano negativi. Ad esempio (ed il caso non era affatto eccezionale, stando a quello che ne dice G. Mosca), quando il vicerè Fogliani nel 1773 si rifiutò di predisporre «i fondi necessari per una riserva di grano in previsione di un cattivo raccolto [...], il principe del Cassaro, allora pretore di Palermo, anticipò la somma dal suo patrimonio personale» (H. TUZET, *Viaggiatori stranieri...*, cit., p. 242. Per il rimando a Mosca si veda il suo art. «La municipalizzazione del pane a Palermo nei secoli XVII e XVIII» [1902], in ID., *Uomini e cose di Sicilia*, cit., p. 41). Ma si tratta comunque di un sistema inadeguato dal punto di vista di una amministrazione razionale della cosa pubblica, ed inoltre la pratica non poteva che accompagnarsi con il suo risvolto della medaglia, per cui, soprattutto man mano che alla liberalizzazione delle istituzioni non ne seguiva anche la loro razionalizzazione, doveva apparire in linea di principio e di fatto possibile che la gestione delle risorse collettive potesse servire a fini di appropriazione privata.

[169] Per gli esiti più recenti a cui il nostro discorso si riferisce si vedano E. NOCIFORA, *Dal latifondo all'assistenza. Le trasformazioni della società siciliana dal secondo dopoguerra ad oggi*, Giuffré, Milano, 1981; AAVV, *Welfare State e Mezzogiorno*, Liguori, Napoli, 1987. Tuttavia le istituzioni pubbliche hanno da sempre svolto funzioni di integrazione sociale accollandosi oneri di carattere caritativo, assistenziale o solidaristico. Si può sostenere anzi che la patologia assunta dal sistema di Welfare nel Mezzogiorno e in Sicilia sia dovuta proprio alla sua mancata ridefinizione in senso

(2) Vi è poi il sistema dell'appropriazione violenta, che nel contesto delle economie solidaristiche di sussistenza, dove si ricorre ad ampio uso di elargizioni pubbliche e private all'interno del gruppo dei consociati politici (ad esempio, nella città antica, tra coloro che godevano dello statuto di cittadinanza), si pratica soltanto verso l'esterno, per cui si costringono i produttori a cedere una parte dei loro beni o a fornire prestazioni. Il soggetto che agisce con modalità di questo tipo è normalmente lo Stato, anche se, come nel caso del capitalismo antico, può appaltare a privati molte delle sue attività dando vita ad attività speculative e di rapina. Le funzioni fiscali assunte in seguito dallo Stato nazionale si presentano come uno spostamento delle modalità di prelievo dall'esterno all'interno del proprio gruppo di riferimento. In questo caso però non si può più parlare di appropriazione violenta, ma di appropriazione sulla base del monopolio della violenza, che trova tra l'altro legittimazione in rapporto alle nuove funzioni civili che vengono attribuite allo Stato e man mano anche per il carattere sempre più „spersonalizzato" che esso assume (il che è una garanzia di sicurezza per i cittadini che mirano al „dominio della legge" e non degli uomini). Lo Stato anzi motiva il suo potere fiscale con l'assunto che esso farà cessare l'appropriazione violenta, la quale, come abbiamo visto, nelle società tradizionali, non riguarda le relazioni interne, ma solo quelle esterne, e che rischia però di estendersi anche come forma ordinaria di accumulazione di ricchezza tra i partecipanti di un medesimo contesto economico, nel momento in cui l'agire in vista di un profitto liquida i vincoli personali e si insedia come motivazione strutturante dell'insieme sociale. Lo spostamento delle pratiche economiche dall'esterno all'interno del gruppo dei consociati si trascina dietro perciò il potenziale di violenza di cui esse erano caricate. A questo punto l'economia deve difendersi da una tendenza che essa aveva da sempre insita in sé: quella

---

funzionalistico moderno (che presuppone la dignità e l'autonomia del cittadino cui si viene socialmente in soccorso), e quindi al fatto che esso si sia configurato come una trasposizione nel nuovo contesto, senza soluzione di continuità, delle politiche di sostegno pauperistico, il cui modello classico è quello delle elargizioni statali di grano ad una plebe sfaccendata. Per la storia della politica economica praticata a questo proposito dalle autorità palermitane si veda G. MOSCA, «La municipalizzazione del pane a Palermo nei secoli XVII e XVIII», cit.

di non distinguere tra attività di rapina e pacifico esercizio ottimale di utilizzazione e produzione di risorse[170].

(3) E difatti il sistema escogitato dall'economia moderna, e che sta alla base del suo funzionamento, è quello per cui il modo ordinario per accedere ai beni prodotti deve essere, escludendo carità e violenza, buon cuore ed estorsione, quello di uno scambio reciproco tra equivalenti sulla base delle rispettive prestazioni lavorative. Adam Smith deriva da ciò, e non tanto dal pregiudizio economicistico che pur lo caratterizza[171], secondo cui alla base di tutto vi sarebbe la «propensione a trafficare, barattare e scambiare una cosa per l'altra»[172], la necessità della divisione del lavoro, la cui valenza più propria consiste nell'essere una trasposizione sul piano economico della volontà di eticizzazione con cui i singoli, essendosi posti in uno stato di dipendenza reciproca, si impegnano a servirsi l'un l'altro[173]. Con l'attuarsi di una forma di

---

[170] Per quanto riguarda la natura tradizionalmente esterna delle relazioni economiche, come sistema con cui la società si difendeva dagli effetti disgregativi che esse avrebbero avuto se praticate all'interno si veda K. POLANYI, *La grande trasformazione*, cit.; ID., *The Livelihood of Man*, Academic Press, New York, 198; trad. it., *La sussistenza dell'uomo. Il ruolo dell'economia nelle società antiche*, Einaudi, Torino, 1983; ID. (a cura di), *Trade and Market in the Early Empires. Economies in History and Theory*, The Free Press, New York, 1957; trad. it., *Traffici e mercati negli antichi imperi. Le economie nella storia e nella teoria*, Einaudi, Torino, 1978. L'immagine dello stato di natura hobbesiano può essere perciò messo in relazione con l'affermarsi dell'orizzonte economico e l'introdursi delle pratiche economiche all'interno di una società ormai privata di ogni altro vincolo. Che le forme di appropriazione violenta appaiano in Sicilia in corrispondenza con la disgregazione dei vecchi vincoli feudali e il primo sorgere della nuova intraprendenza economica è riscontrabile già nelle pagine (tra le più magistrali) con cui di Franchetti ci presenta il quadro della prima transizione modernizzatrice in Sicilia (cfr. L. FRANCHETTI, *Le condizioni politiche e amministrative*, in L. FRANCHETTI/S. SONNINO, *Inchiesta in Sicilia*, cit., vol. I, parte III, par. 49: «Cagioni dell'importanza acquistata dalla classe dei malfattori»; parte III, par. 54: «Facinorosi della classe media».

[171] Sul limite economicistico smthiano si veda R. MARCHIONATTI, *Gli economisti e i selvaggi*, cit.

[172] A. SMITH, *La ricchezza delle nazioni*, cit., p. 91.

[173] Con la categoria dello scambio, strettamente connessa a quella della divisione del lavoro, Adam Smith non intende «santificare un insieme di funzioni individualistiche, egoistiche, date e rappresentate nel mercato», ma si propone invece di evidenziare «come l'essere umano dipenda da ogni altro». Ne discende allora che Smith sia intento a definire più «il primato di un'etica sociale» che quello di una «morale individuale» (A. ZANINI, «Adam Smith e il paradigma liberale (1790-1990)», in *Fenomenologia e società*, a. III, n. 1, marzo 1990).

integrazione sociale che vede nelle attività di scambio il suo nucleo costitutivo, viene a trovarsi esautorata la possibilità per cui l'esercizio della violenza e l'uso della costrizione personale possano essere strumenti ancora efficaci per ottenere i beni o le prestazioni altrui. In tale società allora, dove, come spiega Elias, la divisione delle funzioni è piuttosto elevata, «le catene di azioni che legano i singoli individui sono più lunghe e le interdipendenze funzionali degli uomini sono maggiori»; e perciò, «quanto più fitto diventa l'intreccio delle interdipendenze che avviluppano il singolo con la progressiva divisione delle funzioni, quanto più ampi sono gli spazi umani su cui tale intreccio si estende e che, grazie a tale intreccio, si fondano in unità sia funzionale sia istituzionale, tanto più l'individuo che si abbandona all'aggressività e alle pulsioni sociali vede compromessa la propria esistenza sociale»[174].

La divisione del lavoro diventa allora nella società moderna la nuova forma di solidarietà sociale, la cui legittimazione è tratta non più dal riferimento ad un universo di valori comunitariamente stabilito, di cui i singoli possono essere più o meno coscienti[175], ma unicamente dal criterio razionale di utilità che si rende operante.

«È la grande moltiplicazione delle produzioni di tutte le differenti arti, in conseguenza della divisione del lavoro, a dar luogo, in una società ben governata, a quell'universale opulenza che si estende fino alle classi sociali più basse. Ogni operaio può disporre di una grande quantità del proprio lavoro, oltre a quella che gli occorre per sé; ed essendo tutti gli operai esattamente nella stessa situazione, egli può scambiare una grande quantità dei suoi beni contro una grande quantità dei beni degli altri. Egli li provvede abbondantemente di ciò che egli a sua volta abbisogna, così una grande generale abbondanza si diffonde attraverso i differenti strati sociali»[176].

L'uomo, spiega Adam Smith, non può far a meno di dipendere dagli altri per tutto ciò di cui necessita, per il suo benessere, per l'utile e il confortevole; egli «nella società civile ha continuamente bisogno della

---

[174] N. ELIAS, *Potere e civiltà*, cit., p. 307.

[175] Secondo la forma di „solidarietà meccanica" di cui parla Durkheim (si veda E. DURKHEIM, *De la division du travail social*, Alcan, Paris, 1893; trad. it., *Il lavoro sociale*, Newton Compton, Roma, 1972).

[176] A. SMITH, *La ricchezza delle nazioni*, cit., p. 88.

cooperazione e dell'assistenza di un gran numero di persone»[177]. Ma questo risultato non può, e non deve, ottenersi nella forma della sussistenza di vincoli personali, considerata anche la molteplicità e l'ampiezza dell'area sociale che deve essere coinvolta nei rapporti di produzione e di scambio, e non può neppure dipendere dall'arbitrio, dal capriccio o dalle circostanze, giacché nessuna morale è in grado di costringere gli uomini a servirsi vicendevolmente e neppure è saggio attendersi che gli altri si muovano per amore del bene col proposito di soddisfare i nostri bisogni. Al contrario, il paradigma morale dell'economia moderna viene a definirsi come quel sistema per cui il benessere di tutti e la soddisfazione universale dei bisogni scaturisce come effetto dell'attività di ognuno per soddisfare il proprio interesse. Si ottiene dunque qualcosa dagli altri (si accede cioè alla ricchezza socialmente prodotta) senza dover chiedere niente a nessuno, senza dover fare appello alla generosità o alla predilezione di qualche signore, ed anche senza credere che sia possibile far ricorso alla violenza. «Date e vi sarà dato»: il precetto evangelico qui viene declinato e stravolto nel senso che solo in quanto ognuno avrà messo a disposizione la propria opera potrà accedere all'opera altrui. D'altra parte, nell'offrire i propri servizi come oggetto di scambio, si è liberati dalla necessità morale di mirare al bisogno del prossimo, e si può tranquillamente badare ai propri conti e guardare al proprio profitto, poiché se l'attività di ognuno è fiorente, tutti ne trarranno ipso facto giovamento.

«L'uomo ha un bisogno quasi costante dell'aiuto dei suoi simili, ed invano se lo aspetterebbe soltanto dalla loro benevolenza. Potrà più probabilmente riuscirci se può indirizzare il loro egoismo a suo favore, e mostrare che per loro è vantaggioso ciò che egli richiede. Chiunque propone a un altro una transazione reciproca di qualsiasi specie, procede così. Un'offerta del genere significa: dammi ciò di cui ho bisogno e avrai questo che ti occorre. In questo modo otteniamo dagli altri la massima parte dei servizi di cui abbiamo bisogno. Non è dalla benevolenza del macellaio, del birraio o del fornaio che ci aspettiamo il nostro desinare, ma dalla considerazione del loro interesse personale. Non ci rivolgiamo alla loro umanità, ma al loro egoismo, e parliam dei loro vantaggi e mai delle nostre necessità»[178].

---

[177] *Ibid.*, p. 92, cors. nostro.
[178] *Ibid.*, cors. nostro.

Questo risultato per cui gli uomini si pongono vicendevolmente l'uno al servizio dell'altro per soddisfare i bisogni reciproci e la spinta verso il benessere, non può prodursi però come esito di un'intenzione cosciente dell'operare umano[179]; esso è qualcosa che si realizza alle loro spalle, perché, secondo il pessimismo morale tipicamente protestante, non è alla portata né della volontà né della capacità umana realizzare il bene in sé e per sé[180]. Agendo in quanto soggetto economico parve allora all'uomo di aver preso qualcosa del Mefistofele goethiano quando dichiara di essere «una parte della forza che vuole sempre il male e opera sempre il bene»[181]. Lo stesso grande cambiamento prodottosi nei tempi moderni, che si disegna come provvidenziale e benefico intreccio di motivazioni individuali ed effetti sociali, appare come il frutto di fattori casuali concomitanti i quali erano ben lungi dal contenere di proposito quegli scopi di benessere collettivo che doveva scaturirne[182]. Adam Smith lo riconosce chiaramente quando osserva che

---

[179] «La sua [di Adam Smith] dottrina della Mano Invisibile, secondo cui il benessere generale è servito nel modo migliore dall'accudire di ciascuno ai propri interessi privati, legittimava la dedizione totale del cittadino al perseguimento dell'interesse privato», nella convinzione che l'interesse pubblico sarebbe stato servito ancor più, se non soltanto, *indirettamente* che *direttamente* (A. O. HIRSCHMAN, *Essays in Trepassing: Economics to Politics and beyond*, Cambridge University Press, Cambridge, 1981; trad. it. *L'economia politica come scienza morale e sociale*, Liguori, Napoli, 1987, p. 56).

[180] Pur senza riferirsi alla connotazione protestante del „paradosso di smithiano", Novak lo definisce secondo la veduta per cui «talvolta sentimenti meno che morali producono risultati di una moralità superiore». La lezione di Smith consisterebbe, allora, nell'aver compreso come non vi possa essere «alcun legame diretto tra intenzioni e risultati sociali» (M. NOVAK, *Lo spirito del capitalismo democratico*, cit., p. 191).

[181] Per Brown però «la resa protestante alla vocazione e al capitalismo, è un modo di arrendersi al Diavolo e alla Morte» (N. O. BROWN, *La vita oltre la morte*, cit., p. 254). Cfr. anche R. GUIDUCCI, *Introduzione* a M. WEBER, *Die protestantischen Sekten und der Geist der Kapitalismus* [1906], in ID. *Gesammelte Aufsätze zur Religionssoziologie*, J. C. B. Mohr (Paul Siebeck), Tübingen, 1920; trad. it., *Le sette e lo spirito del capitalismo*, Rizzoli, Milano, 1977.

[182] Tuttavia, una volta individuata questa congiunzione tra interesse individuale e razionalità collettiva, l'«economia» in senso moderno farà di essa la sua base di insediamento, tanto che in Smith l'«economico» si costituisce proprio nel momento in cui essa ha luogo: quando cioè si incontrano molteplici intenzionalità razionalmente orientate al „proprio interesse" e con ciò realizzano nello stesso tempo, pur senza averlo voluto direttamente, il bene di tutti. Perché si produca questo risultato; tuttavia, sembra necessario che l'idea di „interesse proprio" obbedisca già a determinati requisiti di razionalità: e cioè che esso si riferisca non soltanto al punto di vista del soggetto

«si è realizzata una rivoluzione della massima importanza per la felicità pubblica, ad opera di due diverse classi di persone che non avevano affatto l'intenzione di servire la cosa pubblica. L'unico movente dei grandi proprietari era quello di soddisfare la vanità più infantile [e con ciò diedero vita ad una domanda di beni che chiedeva di essere soddisfatta, ndr]. Commercianti e artigiani, molto meno ridicolmente, agirono puramente con la mira del proprio interesse perseguendo il loro principio venale di far soldi ovunque si potessero fare. Né gli uni né gli altri compresero né previdero la grande rivoluzione che la stoltezza degli uni e l'industria degli altri stavano gradualmente realizzando»[183].

L'egoismo degli interessi dunque, lungi dall'esservi in contrasto, può anzi generare uno stato di moralità, poiché la stessa immoralità privata viene ad essere riscattata dalle necessità di disciplinamento cui gli individui devono sottostare.

Da ciò deriva la peculiarità del moderno *laissez-faire* nei confronti dell'agire economico, il cui rapporto con le norme dell'agire morale si muove all'interno di un campo di tensione che ne segna ad un tempo la rottura con esse e la continuità sotto altre forme. Privo di questa sua specifica configurazione, per cui l'economico contende lo spazio della morale, non solo per svincolarsene, ma per ridefinirne le intenzioni e i criteri di condotta, il dominio delle istanze acquisitive finirebbe per essere solo scatenamento della brama di guadagno, accumulazione e ricchezza, finalmente liberata da ogni remora e da ogni regola. E così di fatto avviene ove manchino i presupposti per questa riallocazione dei postulati morali in quelli economici. Perseguire il proprio profitto personale sembra essere un'attività univoca che si presta ad un unico orientamento di senso, quello della soddisfazione inerente al possesso di beni materiali. Ma, come abbiamo visto, esso è suscettibile di essere

---

interessato, ma anche a quello che potrebbe essere espresso da un osservatore esterno del tutto disinteressato (cfr. ancora M. NOVAK, *Lo spirito del capitalismo democratico*, cit., p. 115). L'„interesse proprio" è una categoria di ragione dunque, e, in quanto tale, ha carattere di universalità. Se riferito esclusivamente alla particolarità empirica del soggetto economico può perciò risultare irrazionale. (L'idea che un orizzonte di razionalità deve prescindere dalla considerazione empirica dei soggetti interessati è svolta, sul piano politico-filosofico, da Kant - per il quale rimando all'accenno contenuto nel mio «Finzione rappresentativa e sovranità popolare», in *Behemoth*, a. X, n. 18, luglio-dicembre 1995).

[183] A. SMITH, *La ricchezza delle nazioni*, cit., p. 545, cors. nostro.

sovradeterminato da altre motivazioni e soprattutto si trova sempre in interazione con gli universi culturali e simbolici che lo inglobano fino al punto di definirne gli specifici connotati, per cui, esplicandosi con modalità diverse, ne vengono a derivare esiti e conseguenze che a volte possono produrre „sviluppo" e civilizzazione altre volte degrado e imbarbarimento. Vi sono dunque sistemi e comportamenti economici conformi al tipo di consolidamento richiesto dall'economia moderna, e che si esprimono in effetti di crescita materiale e civile della società nel suo insieme; ve ne sono altri che, anche quando sembrano strutturalmente rifarsi ad essi, mancano della loro specifica problematica morale e della loro costituzione spirituale, perfino nelle forme che potrebbero almeno rivelarsi come sostitutive ad esse. In questo caso, gli obiettivi economici perseguiti, non accompagnandosi a quel corredo di intenzioni oggettivate, credenze, attitudini, aspirazioni, hanno come conseguenza la trasformazione dello spazio sociale in un'arena dove gli individui, privi di adeguati criteri di condotta, danno sfogo con ogni mezzo alla loro spinta verso obiettivi di guadagno e arricchimento. Si ripresenta così il vecchio capitalismo predatorio che è stato sempre il capitalismo dell'„arretratezza". Ma l'autonomizzazione dell'economico in una sfera a sé stante, che esautora la morale emancipandosi da essa, era stata concepita come strategia perché l'uomo trovasse leggi ancora più ferree che potessero surrogare la sua costitutiva incapacità a compiere il bene. Assunta invece priva di questo presupposto che l'aveva vista in posizione di dialettica compensativa nei confronti delle esigenze morali, la libertà economica diviene essa stessa il terreno che lascia franare gli individui e la società in un abisso di dannazione, giacché il fatto che le pratiche economiche falliscano nel loro effetto di civilizzazione non costituisce solo un insuccesso materiale, ma esprime anche un segno di immoralità, di mancato trattamento cioè dello stato di natura moralmente insano con cui l'uomo deve fare i conti.